NOMENCLATURE GÉNÉRALE

PORTANT TARIF

DES MÉDICAMENTS, DENRÉES, MATIÈRES

ET EFFETS MOBILIERS

DU SERVICE DES HÔPITAUX MILITAIRES.

MINISTÈRE DE LA GUERRE.

SERVICE DES HÔPITAUX MILITAIRES.

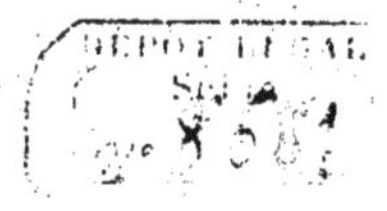

NOMENCLATURE GÉNÉRALE

PORTANT TARIF

DES MÉDICAMENTS, DENRÉES, MATIÈRES ET EFFETS MOBILIERS DU SERVICE.

22 MAI 1868.

PARIS.

IMPRIMERIE IMPÉRIALE.

OCTOBRE 1868.

MINISTÈRE DE LA GUERRE.

SERVICE DES HÔPITAUX MILITAIRES.

NOMENCLATURE GÉNÉRALE

PORTANT TARIF

DES MÉDICAMENTS, DENRÉES, MATIÈRES ET EFFETS MOBILIERS DU SERVICE.

22 MAI 1868.

PARIS.

IMPRIMERIE IMPÉRIALE.

OCTOBRE 1868.

SERVICE DES HÔPITAUX MILITAIRES.

NOMENCLATURE GÉNÉRALE

PORTANT TARIF

DES MÉDICAMENTS,

DENRÉES, MATIÈRES, OBJETS ET EFFETS MOBILIERS

DU SERVICE DES HÔPITAUX MILITAIRES.

22 MAI 1868.

NOTA. L'ordre des matières, effets et objets compris dans la présente nomenclature, leur dénomination, la manière de les décompter et les prix de tarif doivent être rigoureusement suivis par les comptables dans leurs comptes trimestriels et annuels, dans les inventaires et dans les états d'imputation.

Les matières, effets et objets pour lesquels il n'est pas porté de prix de tarifs seront évalués dans les inventaires et autres documents aux prix d'achat, pour le classement neuf.

En passant au classement en service, ils perdront le tiers de leur valeur, à l'exception de la verrerie, des marbres et pierres, qui perdront moitié.

NUMÉROS D'ORDRE par unité simple ou collective.	DÉNOMINATION ET CLASSIFICATION DES MATIÈRES			PRIX DU TARIF.
	PAR UNITÉ PRINCIPALE, simple ou collective.	UNITÉ réglementaire.	PAR ESPÈCE D'OBJETS.	fr. c.

IRE SECTION. — MATÉRIEL DES ÉTABLISSEMENTS SÉDENTAIRES.

CHAPITRE IER. — MATÉRIEL DES CONSOMMATIONS AFFÉRENTES AUX PRIX DE LA JOURNÉE.

ARTICLE Ier. — MÉDICAMENTS ET PANSEMENTS.

§ Ier. — MÉDICAMENTS SIMPLES.

NUMÉROS	PAR UNITÉ PRINCIPALE	UNITÉ	PAR ESPÈCE D'OBJETS	PRIX
1	Racines	Kilog.	1. Acore odorant	0 90
			2. Ail (bulbes frais)	0 80
			3. Angélique officinale	1 80
			4. Bardane	0 90
			5. Bistorte	0 90
			6. Chiendent	0 90
			7. Colchique (tubercules secs)	0 90
			8. Consoude officinale	0 70
			9. Curcuma	0 75
			10. Fougère mâle	0 70
			11. Galanga officinal	2 00
			12. Gentiane jaune	0 40
			13. Gingembre	1 00
			14. Guimauve sèche ratissée	1 00
			15. Ipécacuanha	18 00
			16. Iris de Florence	1 60
			17. Jalap	12 00
			18. Oignons (bulbes frais)	0 20
			19. Oseille	1 00
			20. Patience	0 60
			21. Raifort frais	0 50
			22. Ratanhia	3 20
			23. Réglisse	0 75
			24. Rhubarbe exotique	14 00

NUMÉROS D'ORDRE par unité simple ou collective.	DÉNOMINATION ET CLASSIFICATION DES MATIÈRES			PRIX DU TARIF.
	PAR UNITÉ PRINCIPALE, simple ou collective.	UNITÉ réglementaire.	PAR ESPÈCE D'OBJETS.	fr. c.
1 (Suite.)	RACINES (Suite.)	Kilog.	25. Salsepareille honduras	1 60
			26. Sassafras en copeaux	1 20
			27. Scille sèche (squames)	1 00
			28. Serpentaire de Virginie	6 50
			29. Tormentille	6 80
			30. Valériane	1 10
			31. Zédoaire	1 90
2	BOIS et tiges	*Idem*	1. Gaïa râpé	0 10
			2. Douce amère	0 60
3	ÉCORCES	*Idem*	1. Cannelle de Ceylan	6 50
			2. Chêne commun	0 30
			3. Citron	1 00
			4. Garou	1 20
			5. Grenade	0 70
			6. Orange amère	1 50
			7. Quinquina gris (loxa)	5 25
			8. Quinquina jaune (calisaya)	11 00
			9. Racine de cynoglosse	1 20
			10. Racine de grenadier	1 80
			11. Racine de simarouba	4 00
4	BOURGEONS	*Idem*	1. Peuplier noir, frais	0 40
			2. *Idem* sec	0 70
			3. Pin sauvage	1 50
			4. Sapin	1 50
5	FEUILLES et tiges feuillées	*Idem*	1. Absinthe grande	0 70
			2. Aconit napel (feuilles fraîches)	0 40
			3. *Idem* (feuilles sèches)	1 20
			4. Belladone (feuilles fraîches)	0 50
			5. *Idem* (feuilles sèches)	1 50
			6. Bouillon blanc	0 80
			7. Bourrache	1 00
			8. Capillaire indigène	1 50
			9. Cerfeuil frais	0 90

NUMÉROS D'ORDRE par unité simple ou collective.	DÉNOMINATION ET CLASSIFICATION DES MATIÈRES — PAR UNITÉ PRINCIPALE, simple ou collective.	UNITÉ réglementaire.	PAR ESPÈCE D'OBJETS.	PRIX DU TARIF. fr. c.
			10. Chicorée sauvage (fraîche)......................	0 40
			11. *Idem*.......... (sèche)......................	1 00
			12. Ciguë grande (fraîche)..................	0 50
			13. *Idem*....... (sèche)....................	1 00
			14. Cochléaria (frais)........................	0 80
			15. Cresson de fontaine........................	0 30
			16. Dictame de Crète........................	8 00
			17. Digitale pourprée (fraîche)................	0 40
			18. *Idem*.......... (sèche)...................	0 80
			19. Fumeterre officinale........................	1 00
			20. Germandrée ivette........................	1 00
			21. Guimauve................................	0 60
			22. Hysope officinale........................	1 60
			23. Jusquiame noire (fraîche)..................	0 55
			24. *Idem*.......... (sèche)....................	1 20
			25. Laitue cultivée (fraîche)..................	0 15
			26. Laurier-cerise............................	1 20
5 (Suite.)	Feuilles et tiges feuillées....... (Suite.)	Kilog...	27. Laurier commun..........................	0 70
			28. Lierre terrestre..........................	1 00
			29. Mauve sauvage (sèche)....................	0 80
			30. Mélisse (sèche)........................	1 20
			31. Menthe aquatique (sèche)..................	1 20
			32. Menthe poivrée (sèche)..................	1 60
			33. Mercuriale..............................	1 50
			34. Morelle noire (fraîche)..................	0 50
			35. *Idem*....... (sèche)....................	1 00
			36. Oranger................................	0 90
			37. Origan (marjolaine sauvage)................	1 20
			38. Oseille fraîche..........................	0 30
			39. Pariétaire..............................	1 10
			40. Pavot cultivé............................	1 20
			41. Pissenlit frais..........................	0 40
			42. Sabine..................................	0 70
			43. Sariette................................	1 00
			44. Sauge cultivée..........................	0 80

NUMÉROS D'ORDRE par unité simple ou collective.	DÉNOMINATION ET CLASSIFICATION DES MATIÈRES — PAR UNITÉ PRINCIPALE, simple ou collective.	UNITÉ réglementaire.	PAR ESPÈCE D'OBJETS.	PRIX DU TARIF. fr. c.
5 (Suite.)	FEUILLES et tiges feuillées....... (Suite.)	Kilog...	45. Scolopendre..........................	1 40
			46. Scordium..............................	0 90
			47. Séné de Tripoli........................	2 00
			48. Séneçon..............................	0 80
			49. Serpolet..............................	1 00
			50. Tabac..............................	4 00
			51. Thé hyswen..............................	9 30
			52. Thym..............................	0 90
			53. Trèfle d'eau (ményanthe)..............	1 40
			54. Véronique..............................	1 00
6	FLEURS et sommités fleuries......	Idem....	1. Arnica montana..........................	1 40
			2. Bouillon blanc..........................	4 00
			3. Bourrache..............................	4 00
			4. Camomille romaine......................	2 30
			5. Coquelicot (pavot)......................	3 00
			6. Cusso ou kousso........................	12 00
			7. Girofles (fleurs non épanouies)...........	2 50
			8. Guimauve..............................	1 60
			9. Houblon..............................	3 00
			10. Lavande..............................	0 60
			11. Mauve sauvage..........................	3 75
			12. Petite centaurée........................	1 30
			13. Pied de chat..........................	1 50
			14. Pyrèthre du Caucase....................	5 60
			15. Romarin..............................	0 45
			16. Rosier rouge de Provins (fleurs sèches)..........	5 80
			17. Rosier pâle (fleurs fraiches)...............	0 65
			18. *Idem*..... (fleurs sèches)..................	4 10
			19. Safran du Gâtinais (stigmates)............	115 00
			20. Semen contra..........................	2 60
			21. Sureau..............................	2 00
			22. Tilleul..............................	2 50
			23. Tussilage..............................	3 40
			24. Violette..............................	3 20

NUMÉROS D'ORDRE par unité simple ou collective.	DÉNOMINATION ET CLASSIFICATION DES MATIÈRES.			PRIX DU TARIF.
	PAR UNITÉ PRINCIPALE, simple ou principale.	UNITÉ réglementaire.	PAR ESPÈCE D'OBJETS.	
				fr. c.
7	Fruits et semences	Kilogr.	1. Amandes douces	2 00
			2. Anis	1 30
			3. Café (Bourbon ordinaire)	2 80
			4. Colchique	2 10
			5. Coloquinte	6 00
			6. Coriandre	1 00
			7. Épine vinette	2 80
			8. Genévrier (Baies de)	0 35
			9. Jusquiame blanche	8 20
			10. Jusquiame noire	2 20
			11. Laurier commun (Baies de)	2 00
			12. Lycopsde	7 00
			13. Macis	10 50
			14. Muscade	10 50
			15. Nerprun (Baies de)	3 00
			16. Noix vomique	0 95
			17. Pavot blanc (capsules)	2 00
			18. Poivre cubèbe	4 00
			19. Poivre long	2 00
			20. Poivre noir	2 00
			21. Sureau (Baies de)	0 60
8	Fruits	Nombre.	Citrons	0 12
9	Cryptogames et excroissances	Kilogr.	1. Agaric amadouvier (de chêne)	6 00
			2. Agaric blanc	3 00
			3. Lichen d'Islande	0 80
			4. Mousse de Corse	0 90
			5. Noix de galle (galle de chêne)	3 10
10	Sucs végétaux. Sucrés	*Idem.*	1. Manne de Sicile en larmes	11 00
			2. Manne de Sicile en sortes	4 25
	Sucs végétaux. Gommeux	*Idem.*	3. Gomme adragante blanche	9 00
			4. Gomme du Sénégal blanche, choisie	2 00

NUMÉROS D'ORDRE par unité simple ou collective.	DÉNOMINATION ET CLASSIFICATION DES MATIÈRES — PAR UNITÉ PRINCIPALE, simple ou collective.	UNITÉ réglementaire.	PAR ESPÈCE D'OBJETS.	PRIX DU TARIF. fr. c.
5 (Suite.)	FEUILLES et tiges feuillées....... (Suite.)	Kilog...	45. Scolopendre	1 40
			46. Scordium	0 90
			47. Séné de Tripoli	2 00
			48. Séneçon	0 80
			49. Serpolet	1 00
			50. Tabac	4 00
			51. Thé hyswen	9 30
			52. Thym	0 90
			53. Trèfle d'eau (ményanthe)	1 40
			54. Véronique	1 00
6	FLEURS et sommités fleuries......	Idem....	1. Arnica montana	1 40
			2. Bouillon blanc	4 00
			3. Bourrache	4 00
			4. Camomille romaine	2 30
			5. Coquelicot (pavot)	3 00
			6. Cusso ou kousso	12 00
			7. Girofles (fleurs non épanouies)	2 50
			8. Guimauve	1 60
			9. Houblon	3 00
			10. Lavande	0 60
			11. Mauve sauvage	3 75
			12. Petite centaurée	1 30
			13. Pied de chat	1 50
			14. Pyrèthre du Caucase	5 60
			15. Romarin	0 45
			16. Rosier rouge de Provins (fleurs sèches)	5 80
			17. Rosier pâle (fleurs fraiches)	0 65
			18. *Idem*..... (fleurs sèches)	4 10
			19. Safran du Gâtinais (stigmates)	115 00
			20. Semen contra	9 60
			21. Sureau	2 00
			22. Tilleul	2 50
			23. Tussilage	3 40
			24. Violette	3 20

NUMÉROS D'ORDRE par unité simple ou collective.	DÉNOMINATION ET CLASSIFICATION DES MATIÈRES. PAR UNITÉ PRINCIPALE, simple ou principale.	UNITÉ réglementaire.	PAR ESPÈCE D'OBJETS.	PRIX DU TARIF. fr. c.
7	FRUITS et semences	Kilogr.	1. Amandes douces	2 00
			2. Anis	1 30
			3. Café (Bourbon ordinaire)	2 80
			4. Colchique	2 10
			5. Coloquinte	6 00
			6. Coriandre	1 00
			7. Épine vinette	2 80
			8. Genévrier (Baies de)	0 35
			9. Jusquiame blanche	8 20
			10. Jusquiame noire	2 20
			11. Laurier commun (Baies de)	2 00
			12. Lycopsde	7 00
			13. Macis	10 50
			14. Muscade	10 50
			15. Nerprun (Baies de)	3 00
			16. Noix vomique	0 95
			17. Pavot blanc (capsules)	2 00
			18. Poivre cubèbe	4 00
			19. Poivre long	2 00
			20. Poivre noir	2 00
			21. Sureau (Baies de)	0 60
8	FRUITS	Nombre.	Citrons	0 12
9	CRYPTOGAMES et excroissances	Kilogr.	1. Agaric amadouvier (de chêne)	6 00
			2. Agaric blanc	3 00
			3. Lichen d'Islande	0 80
			4. Mousse de Corse	0 90
			5. Noix de galle (galle de chêne)	3 10
10	Sucs végétaux. Sucrés	*Idem.*	1. Manne de Sicile en larmes	11 00
			2. Manne de Sicile en sortes	4 25
	Sucs végétaux. Gommeux	*Idem.*	3. Gomme adragante blanche	9 00
			4. Gomme du Sénégal blanche, choisie	2 00

NUMÉROS D'ORDRE par unité simple ou collective.	DÉNOMINATION ET CLASSIFICATION DES MATIÈRES. PAR UNITÉ PRINCIPALE, simple ou collective.	UNITÉ réglementaire.	PAR ESPÈCE D'OBJETS.	PRIX DU TARIF. fr. c.
10. (Suite.)	Sucs végétaux. (Suite.) Résineux	Kilogr.	5. Aloës succotrin	1 50
			6. Ammoniacum (gomme ammoniaque)	1 60
			7. Assa-fœtida	2 40
			8. Baume du Pérou noir, liquide	17 00
			9. Baume de Tolu	14 00
			10. Colophane	0 40
			11. Copahu (oléo-résine)	5 50
			12. Élémi	2 00
			13. Galbanum	3 50
			14. Goudron	0 70
			15. Gomme-gutte	6 00
			16. Guttapercha en feuilles	6 00
			17. Myrrhe	4 50
			18. Oliban (encens)	2 50
			19. Poix blanche	0 45
			20. Poix noire	0 60
			21. Poix résine	0 30
			22. Résine de gaïac	4 00
			23. Sagapenum	5 50
			24. Scammonée d'Alep	68 00
			25. Styrax liquide	2 00
			26. Succin	5 00
			27. Tacabamaca	3 00
			28. Térébenthine (oléo-résine)	2 20
	Huileux fixes	*Idem.*	29. Amandes douces	3 30
			30. Arachides	1 50
			31. Cire jaune	4 20
			32. Croton tiglium	24 00
			33. Laurier (Baies de)	3 80
			34. Lin	1 50
			35. Moutarde noire	1 40
			36. Noix	2 40
			37. Olives	2 60
			38. Pavot (oliette)	2 00
			39. Ricin	1 80

NUMÉROS D'ORDRE par unité simple ou collective.	DÉNOMINATION ET CLASSIFICATION DES MATIÈRES. PAR UNITÉ PRINCIPALE, simple ou collective.		UNITÉ réglementaire.	PAR ESPÈCE D'OBJETS.	PRIX DU TARIF.
					fr. c.
10 (Suite.)	Sucs végétaux. (Suite.)	Huileux volatils..	Kilogr.	40. Gade (pour vétérinaire)	1 75
				41. Camphre	7 00
				42. Citrons	28 00
				43. Créosote	20 00
				44. Empyreumatique (pour vétérinaire)	0 60
				45. Lavande (pour vétérinaire)	5 00
				46. Menthe poivrée	100 00
				47. Térébenthine	2 20
		Extraits du commerce.	*Idem.*	48. Cachou brut	1 10
				49. Opium brut	56 00
11	Animaux et leurs produits		*Idem.*	1. Cantharides entières	7 80
				2. Castoreum en follicules	40 00
				3. Charbon animal lavé	1 80
				4. Corne de cerf râpée	1 00
				5. Éponges fines	80 00
				6. Gélatine animale	2 10
				7. Huile brune de foie de morue	1 70
				8. Ichthyocolle	37 00
				9. Musc en follicules	1,400 00
				10. Musc hors follicules	2,750 00
12	Sangsues		Nombre.		0 12

§ 2. — MÉDICAMENTS COMPOSÉS.

1° PRÉPARATIONS CHIMIQUES.

NUMÉROS D'ORDRE	PAR UNITÉ PRINCIPALE	UNITÉ réglementaire.	PAR ESPÈCE D'OBJETS.	PRIX DU TARIF.
13	Acides	Kilogr.	1. Acétique à 10°	1 80
			2. Azotique à 35°	0 55
			3. Chlorhydrique à 23°-25°	0 12
			4. Citrique	5 00
			5. Sulfurique à 66°	0 20
			6. Tartrique purifié	4 80
14	Alumine	*Idem.*	1. Bol d'Arménie (silicate d'alumine ferrugineux)	0 70
			2. Sulfate d'alumine et de potasse (alun)	0 40

NUMÉROS D'ORDRE par unité simple ou collective.	DÉNOMINATION ET CLASSIFICATION DES MATIÈRES.			PRIX DU TARIF.
	PAR UNITÉ PRINCIPALE, simple ou collective.	UNITÉ réglementaire.	PAR ESPÈCE D'OBJETS.	fr. c.
15	AMMONIAQUE	Kilogr.	1. Ammoniaque liquide à 22° (alcali volatil)	0 75
			2. Carbonate d'ammoniaque	2 00
			3. Chlorhydrate d'ammoniaque	3 00
			4. Chlorhydrate d'ammoniaque pulvérisé	3 20
16	ANTIMOINE	*Idem.*	1. Antimoine-métal (régule)	1 70
			2. Biantimoniate de potasse (oxyde blanc)	4 50
			3. Chlorure d'antimoine	6 00
			4. Kermès protosulfure (pour hommes)	12 00
			5. Kermès persulfuré (pour chevaux)	4 00
			6. Polysulfure hydraté (soufre doré)	5 00
			7. Protosulfure d'antimoine	1 10
			8. Protosulfure d'antimoine pulvérisé	1 60
			9. Tartrate d'antimoine et de potasse (émétique)	4 20
			10. Tartrate d'antimoine et de potasse pulvérisé	4 50
17	ARGENT	*Idem.*	Argent de coupelle	226 00
18	ARSENIC	*Idem.*	1. Acide arsénieux	0 50
			2. Trisulfure d'arsenic (orpiment)	1 20
19	BARYUM	*Idem.*	Chlorure de baryum	4 00
20	BISMUTH	*Idem.*	Sous-azotate de bismuth	40 00
21	CALCIUM et chaux	*Idem.*	1. Carbonate de chaux (craie)	0 15
			2. Chlorure de calcium (muriate de chaux)	1 30
			3. Chlorure de chaux sec à 85°	0 50
			4. Oxyde de calcium (chaux vive)	0 15
			5. Sous-phosphate de chaux (os calcinés)	0 35
22.	CUIVRE	*Idem.*	1. Acétate bicuivrique (vert-de-gris)	2 90
			2. Deutoxyde de cuivre	9 00
			3. Sulfate de cuivre	1 20
23.	EAUX minérales artificielles	*Idem.*	1. de Sedlitz	0 30
			2. de Seltz	0 25
			3. de Vichy	0 40

NUMÉROS D'ORDRE par unité simple ou collective.	DÉNOMINATION ET CLASSIFICATION DES MATIÈRES — PAR UNITÉ PRINCIPALE, simple ou collective.	UNITÉ réglementaire.	PAR ESPÈCE D'OBJETS.	PRIX DU TARIF.
				fr. c.
23 (Suite.)	Eaux minérales naturelles	Kilog.	4. de Baréges	1 00
			5. de Bourbonne-les-Bains	0 85
			6. de Seltz	0 65
			7. de Vichy	0 65
			8. de Vittel	0 25
24	Éthers	*Idem.*	1. Chloroforme	13 00
			2. Éther sulfurique à 60°	4 75
			3. Éther sulfurique alcoolisé (liqueur d'Hoffmann)	3 60
			4. Éther sulfurique rectifié (pour éthérisation)	6 00
25	Fer	*Idem.*	1. Cyanure ferroso potassique (prussiate de potasse jaune)	5 50
			2. Cyanure double de fer, bleu de Prusse	20 00
			3. Fer réduit par l'hydrogène	12 00
			4. Hydrate de peroxyde de fer	3 00
			5. Limaille de fer	0 50
			6. Oxyde de fer noir (éthiops martial)	2 00
			7. Sous-carbonate de fer hydraté (safran de Mars)	2 50
			8. Sulfate de fer	0 15
26	Iode	*Idem.*		24 00
27	Magnésie	*Idem.*	1. Carbonate de magnésie	1 50
			2. Sulfate de magnésie	0 25
28	Manganèse	*Idem.*	1. Bioxyde de manganèse	0 55
			2. Bioxyde de manganèse pulvérisé	0 70
29	Mercure	*Idem.*	1. Bichlorure de mercure	5 40
			2. Bioxyde de mercure (précipité rouge)	7 30
			3. Cyanure de mercure	25 00
			4. Mercure métallique	5 40
			5. Protochlorure de mercure (à la vapeur)	7 00
			6. Sulfure rouge de mercure (cinabre)	9 00
30	Morphine	*Idem.*	1. L'alcaloïde	700 00
			2. Chlorhydrate de morphine	575 00
31	Plomb	*Idem.*	1. Acétate de plomb cristallisé (sel de saturne)	1 20
			2. Protoxyde de plomb fondu (litharge)	0 85

NUMÉROS D'ORDRE par unité simple ou collective.	DÉNOMINATION ET CLASSIFICATION DES MATIÈRES			PRIX DU TARIF.
	PAR UNITÉ PRINCIPALE, simple ou collective.	UNITÉ réglementaire.	PAR ESPÈCE D'OBJETS.	fr. c.
31 (Suite.)	PLOMB (Suite.)	Kilog.	3. Protoxyde de plomb fondu (pulvérisé)	1 05
			4. Sesquioxyde de plomb (minium)	0 90
32	POTASSIUM et potasse	*Idem.*	1. Azotate de potasse (nitre)	1 10
			2. Bitartrate de potasse (crème de tartre)	3 10
			3. Bitartrate de potasse pulvérisé	3 30
			4. Carbonate de potasse brut (potasse du commerce)	1 10
			5. Carbonate de potasse purifié	1 40
			6. Chlorate de potasse	4 00
			7. Iodure de potassium	18 00
			8. Oléomargarate de potasse (savon vert)	0 60
			9. Sulfate de potasse	0 90
33	QUININE	*Idem.*	1. L'alcaloïde	530 00
			2. Sulfate de quinine	280 00
34	SOUDE	*Idem.*	1. Borate de soude (borax)	2 00
			2. Bicarbonate de soude	0 70
			3. Carbonate de soude impur (soude brute)	0 65
			4. Carbonate de soude purifié (cristaux de soude)	0 30
			5. Hydrate de soude	4 00
			6. Oléomargarate de soude à l'huile d'amandes (savon médicinal)	3 20
			7. Oléomargarate de soude à l'huile d'olive (savon blanc)	1 20
			8. Sulfate de soude	0 18
35	SOUFRE sublimé	*Idem.*		0 40
36	STRYCHNINE	*Idem.*	1. L'alcaloïde	500 00
			2. Sulfate de strychnine	525 00
37	TANNIN	*Idem.*		11 00
38	TOURNESOL en pain	*Idem.*	Matière colorante	0 00
39	VERATRINE	*Idem.*	L'alcaloïde	600 00
40	ZINC	*Idem.*	1. Chlorure de zinc	8 00
			2. Protoxyde de zinc	5 00
			3. Sulfate de zinc	0 30
			4. Valérianate de zinc	200 00

2.

NUMÉROS D'ORDRE par unité simple ou collective.	DÉNOMINATION ET CLASSIFICATION DES MATIÈRES. PAR UNITÉ PRINCIPALE, simple ou collective.	UNITÉ réglementaire.	PAR ESPÈCE D'OBJETS.	PRIX DU TARIF.
				fr. c.
41	Atropine....................	Kilog.	Sulfate d'atropine..............................	3,000 00
42	Médicaments à l'essai (simples)...	*Idem.*	....	"
			2° Composés officinaux.	
43	Acétates....................	Kilog.	1. d'ammoniaque liquide à 22°.................	0 90
			2. de plomb liquide (extrait de Saturne)..........	0 50
			3. de potasse liquide..........................	0 90
44	Acides......................	*Idem.*	1. azotique alcoolisé (alcool nitrique)............	2 00
			2. sulfhydrique liquide (eau hydrosulfurée simple) ..	1 00
			3. sulfurique affaibli.....................	0 15
			4. sulfurique alcoolisé (eau de Rabel)............	1 80
45	Alcools	*Idem.*	1. à 90° centigrades (36° Cartier)...............	3 00
			2. à 85° centigrades (33° Cartier)...............	2 40
			3. à 56° centigrades (21° Cartier)...............	1 55
46	Alcoolats..................	*Idem.*	1. de cochléaria composé......................	3 50
			2. de mélisse composé.........................	3 00
			3. de térébenthine composé.....................	3 40
47	Alcoolés....................	*Idem.*	1. d'absinthe..................................	1 90
			2. d'aloès.....................................	2 30
			3. aromatique	1 85
			4. de baume du Pérou...........................	4 60
			5. de baume de Tolu	4 20
			6. de cachou	1 60
			7. de camphre (eau-de-vie camphrée)............	1 70
			8. de cannelle.................................	5 10
			9. de cantharides..............................	3 20
			10. de castoréum...............................	15 00
			11. de colchique (bulbes-semence)	2 00
			12. de digitale pourprée.........................	3 20
			13. d'extrait d'opium...........................	11 60
			14. de gentiane.................................	2 00
			15. d'iode.....................................	4 80
			16. de jalap...................................	5 10
			17. de myrrhe	3 00

NUMÉROS D'ORDRE par unité simple ou collective.	DÉNOMINATION ET CLASSIFICATION DES MATIÈRES.			PRIX DU TARIF.
	PAR UNITÉ PRINCIPALE, simple ou collective.	UNITÉ réglementaire.	PAR ESPÈCE D'OBJETS.	fr. c.
47 (Suite.)	ALCOOLÉS (Suite.)	Kilog.	18. de quinquina	6 60
			19. de savon	2 80
			20. de seille	2 20
			21. de strychnine	3 00
48	ALUN desséché (calciné)	*Idem.*		0 80
49	AZOTATES	*Idem.*	1. d'argent cristallisé	164 00
			2. d'argent fondu	164 00
			3. Acide de mercure liquide (eau mercurielle)	2 50
			4. de protoxyde de mercure cristallisé	10 00
50	CÉRATS	*Idem.*	1. de Galien	1 40
			2. de Goulard (saturné)	1 40
			3. safrané	6 20
			4. simple	2 10
			5. de soufre	1 30
51	CHLORURES	*Idem.*	1. d'antimoine liquide	5 00
			2. d'oxyde de sodium (liqueur de Labarraque)	0 50
52	COLLODION	*Idem.*		7 50
53	CONSERVES de roses rouges	*Idem.*		3 20
54	EAU distillée simple	*Idem.*		0 10
55	ÉLECTUAIRES	*Idem.*	1. Diascordium	4 00
			2. Thériaque	4 80
56	EMPLÂTRES	*Idem.*	1. brun de la mère	2 50
			2. de ciguë	2 10
			3. Diachylon gommé	2 20
			4. mercuriel (de Vigo cum mercurio)	2 40
			5. simple diapalme	1 60
			6. Vésicatoire	6 10
57	ÉPONGES à la ficelle	*Idem.*		50 00
58	ESPÈCES	*Idem.*	1. Amères	1 50
			2. Aromatiques	1 00
			3. Émollientes	1 00
			4. Pectorales	2 20
			5. Sudorifiques	1 40

NUMÉROS D'ORDRE par unité simple ou collective.	DÉNOMINATION ET CLASSIFICATION DES MATIÈRES			PRIX DU TARIF.
	PAR UNITÉ PRINCIPALE, simple ou collective.	UNITÉ réglementaire.	PAR ESPÈCE D'OBJETS.	fr. c.
59	EXTRAITS	Kilog.	1. d'absinthe	3 00
			2. d'aconit	5 00
			3. amer	4 00
			4. de belladone	6 00
			5. de ciguë	3 40
			6. de genièvre	1 00
			7. de gentiane	1 20
			8. de jusquiame	12 00
			9. de laitue (thridace)	15 00
			10. d'opium purifié	116 00
			11. de quinquina gris aqueux	30 00
			12. de quinquina gris (alcoolisé)	35 00
			13. de ratanhia	24 00
			14. de réglisse pur	4 00
			15. de réglisse gommé	2 90
			16. de salsepareille (par l'alcool)	28 00
			17. de sureau (rob)	14 00
60	GLYCÉRINE	Idem		2 30
61	HUILE camphrée	Idem		1 90
62	HYDROOLATS	Idem	1. de fleur d'oranger	0 90
			2. de laitue	1 00
			3. de laurier-cerise	1 20
			4. de roses pâles	1 20
63	HYDROOLÉS	Idem	1. de bichlorure de mercure (Liqueur de Van Swieten)	0 15
			2. de camphre	9 20
			3. de chaux	0 12
			4. d'essence de citron	0 08
			5. d'essence de menthe poivrée	0 20
			6. de goudron	0 05
			7. hémostatique de Monsel (persulfate de fer)	0 40
			8. de perchlorure de fer	0 60
			9. phagédénique	0 10
			10. de sulfate de quinine (solution tirée au 20e)	15 09
64	IODURES	Idem	1. de fer liquide	8 00
			2. (Deuto) de mercure	30 00

NUMÉROS D'ORDRE par unité simple ou collective	DÉNOMINATION ET CLASSIFICATION DES MATIÈRES — PAR UNITÉ PRINCIPALE, simple ou collective.	UNITÉ réglementaire.	PAR ESPÈCE D'OBJETS.	PRIX DU TARIF. fr. c.
64 (Suite.)	IODURES (Suite.)	Kilog.	3. (Proto) de mercure	25 00
			4. de plomb	25 00
65	MAGNÉSIE décarbonatée (calcinée)	*Idem.*		5 00
66	MELLITES	*Idem.*	1. de roses rouges	3 20
			2. simple	2 00
			3. de vinaigre (oxymel)	2 20
			4. de vinaigre scillitique (oxymel scillitique)	2 20
67	ONGUENTS	*Idem.*	1. d'arceus	2 40
			2. basilicum	2 10
			3. épispastique aux cantharides	3 40
			4. de styrax	2 60
68	PILULES	*Idem.*	1. de copahu	6 00
			2. mercurielles (de Béloste)	2 30
			3. de goudron et alun	0 80
69	PILULES de sulfate de quinine	*Idem.*	A 1 décigramme	300 00
70	POLYSULFURES	*Idem.*	1. de calcium liquide	0 25
			2. de potassium solide	1 80
			3. de potassium liquide	0 40
			4. de sodium solide	1 60
			5. de sodium liquide	0 40
71	POMMADES	*Idem.*	1. antiophthalmique	3 00
			2. antipsorique d'Helmerich	1 60
			3. d'azotate d'argent	6 00
			4. d'azotate de mercure	3 00
			5. de bichlorure de mercure	2 80
			6. Citrine	3 00
			7. au garou	3 80
			8. de Gondret	1 40
			9. iodée	3 10
			10. d'iodure de potassium	4 00
			11. d'iodure de potassium iodurée	4 40
			12. d'iodure de plomb	7 00
			13. mercurielle	5 00

NUMÉROS D'ORDRE par unité simple ou collective.	DÉNOMINATION ET CLASSIFICATION DES MATIÈRES			PRIX DU TARIF.
	PAR UNITÉ PRINCIPALE, simple ou collective.	UNITÉ réglementaire.	PAR ESPÈCE D'OBJETS.	fr. c.
71 (Suite.)	POMMADES (Suite.)	Kilog.	14. de peuplier (onguent populeum)	3 20
			15. de protochlorure de mercure	2 80
			16. stibiée	2 50
72	POTASSE caustique (pierre à cautère)	*Idem.*		3 40
73	POUDRES simples	*Idem.*	1. de belladone	2 00
			2. de camphre	7 60
			3. de canelle de Ceylan, n° 1	8 00
			4. de cannelle de Ceylan, n° 2	7 00
			5. de cantharides, n° 1	12 00
			6. de cantharides, n° 2	10 00
			7. de colophane	1 00
			8. de digitale, n° 1	1 40
			9. de digitale, n° 2	1 20
			10. d'euphorbe	6 00
			11. de gentiane, n° 1	0 55
			12. de gentiane, n° 2	0 50
			13. de gingembre	1 50
			14. de gomme adragante	11 00
			15. de gomme Sénégal	2 60
			16. de guimauve (racine)	1 80
			17. d'ipécacuana	0 25
			18. d'iris de Florence	2 00
			19. de jalap, n° 1	14 00
			20. de jalap, n° 2	13 00
			21. de lin (farine)	0 70
			22. de moutarde (farine)	1 40
			23. de moutarde exprimée (tourteaux)	1 30
			24. de noix vomique	1 60
			25. de poivre cubèbe	5 00
			26. de pyrèthre de Caucase	7 20
			27. de quinquina gris (loxa), n° 1	6 10
			28. de quinquina gris (loxa), n° 2	5 90
			29. de quinquina jaune (calisaya), n° 1	13 00
			30. de quinquina jaune (calisaya), n° 2	12 00
			31. de réglisse, n° 1	1 30

NUMÉROS D'ORDRE par unité simple ou collective.	DÉNOMINATION ET CLASSIFICATION DES MATIÈRES				PRIX DU TARIF.
	PAR UNITÉ PRINCIPALE, simple ou collective.		UNITÉ réglementaire.	PAR ESPÈCE D'OBJETS.	fr. c.
73 (Suite.)	POUDRES.... (Suite.)	simples........	Kilog...	32. de réglisse, n° 2	1 10
				33. de rhubarbe exotique	18 00
				34. de roses de Provins	12 00
				35. de scammonée	80 00
				36. de scille	1 40
				37. de semen-contra	3 50
				38. de valériane	1 40
		composées......	Idem....	39. hémostatique de Bonafoux	1 20
				40. d'ipécacuanha composée (Dower)	14 00
				41. Mélange solidifiable	1 00
				42. de Vienne (caustique)	1 70
74	RÉSINE de jalap		Idem....	....	120 00
75	SIROPS		Idem....	1. antiscorbutique (raifort composé)	3 00
				2. d'extrait d'opium	0 95
				3. d'iodure de fer	2 00
				4. de nerprun	1 80
				5. de salsepareille (sudorifique)	2 40
				6. simple	0 90
76	SOUFRE sublimé et lavé		Idem....	....	0 50
77	SPARADRAPS emplastiques		Idem....	1. de ciguë	4 40
				2. de diachylon gommé	5 00
				3. mercuriel (de Vigo cum mercurio)	7 00
78	SPARADRAPS à l'ichthyocolle		La bande	1. Percaline agglutinative de 1 mètre de long sur 0m,10 de large	0 10
				2. Taffetas anglais de 0m,10 de long sur 0m,05 de large	0 10
79	Suc de nerprun		Kilog...	....	2 60
80	TARTRATE de fer et de potasse		Idem....	....	6 00
81	TÉRÉBENTHINE cuite		Idem....	....	5 00
82	TROCHISQUES de bichlorure de mercure		Idem....	....	5 00
83	VINS médicinaux		Idem....	1. Arsenical cuivreux (collyre de Lanfranchi)	0 80
				2. de gentiane	0 90
				3. d'opium composé (laudanum de Sydenham)	18 00
				4. de quinquina	0 95

NUMÉROS d'ordre par unité simple ou collective.	DÉNOMINATION ET CLASSIFICATION DES MATIÈRES — PAR UNITÉ PRINCIPALE, simple ou collective.	UNITÉ réglementaire.	PAR ESPÈCE D'OBJETS.	PRIX DU TARIF au CLASSEMENT. Neuf.	En service.
				fr. c.	fr. c.
84	Vinaigres médicinaux	Litre...	1. Camphré	0 70	"
			2. Rubéfiant	1 40	"
			3. Scillitique	1 00	"
85	Médicaments composés à l'essai	Kilog...	....	"	"
			....	"	"
	§ 3. DENRÉES MÉDICINALES.				
86	Farines	Kilog..	1. de froment	0 40	"
			2. d'orge	0 35	"
			3. de seigle	0 40	"
87	Matières sucrées	*Idem*...	1. Miel blanc ou jaune	1 80	"
			2. Sucre candi	2 00	"
			3. Sucre en pain (lumps blanc)	1 30	"
88	Moutarde noire entière	*Idem*...	....	1 00	"
89	Orge en grains	*Idem*...	....	0 30	"
90	Semence de lin entière	*Idem*...	....	0 64	"
91	Son de froment	*Idem*...	Recoupette	0 20	"
92	Substances gommeuses	*Idem*...	1. Amidon	1 00	"
			2. Dextrine	1 00	"
93	Suif et graisse	*Idem*...	1. Graisse de porc purifiée (axonge)	1 90	"
			2. Panne de porc	2 00	"
			3. Suif	1 80	"
94	Vinaigres	Litre ..	1. Blanc	0 50	"
			2. Rouge	0 50	"
95	Vins blancs	*Idem*...	de Frontignan	2 50	"
	§ 4. OBJETS D'EXPLOITATION DE LA PHARMACIE.				
96	Objets divers d'exploitation	Nombre.	1. Bouchons de liége pour bouteilles et bocaux divers, grands, le cent	1 60	"
			2. Bouchons pour fioles, petits (*Idem.*)	1 00	"
			3. Chausse d'Hippocrate, grande	4 00	"
			4. *Idem* .... moyenne	3 00	"
			5. *Idem* .... petite	2 00	"
			6. Étui cylindrique en fer-blanc pour pilules de sulfate de quinine (de 100 pilules de 10 centigrammes).	0 15	"
			7. Fioles à médecine de 250 millilitres	0 11	"
			8. *Idem* .... de 125 millilitres	0 09	"
			9. *Idem* .... de 60 millilitres	0 06	"
			10. Vessies de porc	0 15	"

OBSERVATIONS.	DIMENSIONS RÉGLEMENTAIRES.					POIDS RÉGLEMENTAIRE.
	Longueur.	Largeur.	Hauteur.	Épaisseur.	Profondeur.	
	mèt.	mèt.	mèt.	mèt.	mèt.	kilog.
En flanelle.						
....	....	0 025	0 075			
A cul plat, terminées en dôme à la partie supérieure, portant en légende : *Hôpitaux militaires.* Dimensions, le goulot non compris........................	....	0 061	0 112			
	....	0 052	0 085			
	....	0 030	0 050			

NUMÉROS d'ordre par unité simple ou collective.	DÉNOMINATION ET CLASSIFICATION DES MATIÈRES			PRIX DU TARIF au CLASSEMENT.	
	PAR UNITÉ PRINCIPALE, simple ou collective.	UNITÉ réglementaire.	PAR ESPÈCE D'OBJETS.	Neuf.	En service.
				fr.	fr. c
97	Objets divers d'exploitation	Mètre	1. Calicot à sparadrap en 0m,80	0 80	"
			2. Flanelle pour étamines	3 40	"
			3. Percaline en 0m,80 de large	0 80	"
			4. Taffetas pr sparadrap à l'ichthyocolle en 0m,90 de large	4 00	"
98	Objets divers d'exploitation	Kilog.	1. Cartes blanches	2 00	"
			2. Glace	0 20	"
99	Papiers	Main	1. A filtrer de Berzélius	2 00	"
			2. A filtrer ordinaire	0 50	"
	§ 5. OBJETS DE PANSEMENT.				
100	Instruments élastiques et autres	Nombre.	1. Bougies emplastiques	0 25	"
			2. Bougies en cire jaune	0 50	"
			3. Bougies en corde à boyaux	0 50	"
			4. Bougies en gomme élastique	1 00	"
			5. Canules	1 00	"
			6. Sondes œsophagiennes	2 00	"
			7. Sondes diverses	1 50	"
101	Linge à pansement (neuf)	Kilog.	1. Bandes roulées	5 00	"
			2. Grand linge	4 50	"
			3. Petit linge	3 50	"
102	Linge à pansement (relavé)	*Idem*	1. Bandes roulées	2 50	"
			2. Grand linge	2 00	"
			3. Petit linge	1 50	"
103	Charpie	*Idem*		2 90	"
104	Filasse épurée et poupée de chanvre	*Idem*		1 50	"
105	Gaze, tissus emplastiques et autres	Mètre	1. Flanelle pour frictions	3 00	"
			2. Gaze à pansement	0 40	"
			3. Taffetas gommés et tissus emplastiques	3 50	"
106	Accessoires de pansement	Nombre.	1. Brosse en serge pour rouleaux pour asphyxiés	2 00	"
			2. Fanons en paille	0 30	"
			3. Moufles	2 00	"

OBSERVATIONS.	DIMENSIONS RÉGLEMENTAIRES. Longueur.	Largeur.	Hauteur.	Épaisseur.	Profondeur.	POIDS RÉGLEMENTAIRE.
	mèt.	mèt.	mèt.	mèt.	mèt.	kilog.
Poids du mètre	......	......	......	......	......	0 115
Idem	......	......	......	......	......	0 268
Idem	......	......	......	......	......	0 115
Poids du mètre	......	......	......	......	......	0 500
Idem	......	......	......	......	......	7 000
Sous les dénominations génériques ci-contre seront inscrits tous les instruments de même nature, ainsi que ceux que l'expérience pourrait y introduire.						
Composées de bandes spéciales de $4^m,50$ de long et de bandes ordinaires variant sur la longueur de $1^m,50$ à 3 mètres; et sur la largeur de 3 à 6 mètres.						
Composé de bandages de corps, carrés, en T et triangulaires, écharpes, suspensoirs, bandages préparés pour fractures et de coussins et sacs en balle d'avoine.						
Composé de compresses n° 1, de $0^m,70$ à $0^m,75$ de long sur $0^m,40$ de large; n° 2, de $0^m,50$ à $0^m,55$ de long sur $0^m,30$ de large; n° 3 de $0^m,40$ à $0^m,45$ de long, sur $0^m,20$ de large, n° 1 fenêtrées. (Le tissu des bandes, du linge à pansement grand et petit pourra être neuf ou en service.)						
Mêmes dimensions que pour le linge neuf, à l'exception cependant du petit linge qui aura des compresses dites *lambeaux*.						
Y compris la charpie à mèches.						
Poids du mètre courant	......	0 650	......	......	......	0 030
Idem	......	0 800	......	......	......	0 300
En crin et en forme de mitaines	0 80	0 025	......	......	......	0 062

NUMÉROS d'ordre par unité simple ou collective.	DÉNOMINATION ET CLASSIFICATION DES MATIÈRES			PRIX DU TARIF au CLASSEMENT.	
	PAR UNITÉ PRINCIPALE, simple ou collective.	UNITÉ réglementaire.	PAR ESPÈCE D'OBJETS.	Neuf.	En service.
				fr. c.	fr. c.
107	ACCESSOIRES de pansement	Kilogr..	1. Balle d'avoine	0 30	"
			2. Bandes et feuilles de carton	1 00	"
			3. Cordonnet de soie à ligatures	70 00	"
			4. Coton cardé et ouaté	4 00	"
			5. Crin pur	4 00	"
			6. Éponges fines	80 00	"
			7. Plomb laminé (Feuille de)	1 00	"
108	BANDAGES herniaires	Nombre.	1. de droite	2 50	"
			2. de gauche	2 50	"
			3. doubles ou de 2 1/2 corps	3 50	"
			4. ombilicaux	3 50	"
			5. spéciaux	"	"
109	BANDAGES à fractures	*Idem*...	1. Pour cuisses	"	"
			2. Pour jambes	"	"
			3. Pour bras et avant-bras	"	"
110	OBJETS auxiliaires	*Idem*...	1. Béquilles et béquillons	4 50	"
			2. Cuissards	18 00	"
			3. Jambes de bois	15 00	"
			4. Membres artificiels	"	"

ARTICLE 2. — ALIMENTATION.

111	VIANDE crue	Kilogr..		"	"
112	PAIN	*Idem*...		"	"
113	VIN rouge ou blanc	Litre...		"	"
114	BIÈRE ou cidre	*Idem*...		"	"
115	PÂTES féculentes	Kilogr..	Diverses	"	"
116	RIZ	*Idem*...		"	"
117	ŒUFS	Nombre.		"	"
118	POISSONS frais ou salés	Kilogr..		"	"
119	VOLAILLES	Nombre.	Diverses	"	"
120	LÉGUMES frais	Kilogr..	1. fins pour aliments	"	"
			2. ordinaires pour aliments	"	"
			3. pour bouillons, soupes et potages	"	"
			4. pour la marmite	"	"

OBSERVATIONS.	DIMENSIONS RÉGLEMENTAIRES.					POIDS RÉGLEMENTAIRE.
	Longueur.	Largeur.	Hauteur.	Épaisseur.	Profondeur.	
	mèt.	mèt.	mèt.	mèt.	mèt.	kil. gr.
Les bandes seront de $0^m,65$ de long, sur $0^m,10$ de large et du poids de 100 gram. l'une.						
A décompter au prix d'achat						
Idem.						
Idem.						
Idem.						
En bois de frêne.						
Idem.						
A décompter au prix d'achat.						
Chocolats, gluten granulé, semoule et crème de riz, tapioca, vermicelle et macaroni.						
Canards, dindons, pigeons, poulets.						

NUMÉROS d'ordre par unité simple ou collective.	DÉNOMINATION ET CLASSIFICATION DES MATIÈRES			PRIX DU TARIF au CLASSEMENT.	
	PAR UNITÉ PRINCIPALE, simple ou collective.	UNITÉ réglementaire.	PAR ESPÈCE D'OBJETS.	Neuf.	En service.
				fr. c.	fr. c.
121	Légumes secs	Kilogr.	Divers	″	″
122	Salades	*Idem*		″	″
123	Fruits	*Idem*	Divers	″	″
124	*Idem*	Nombre.	Divers	″	″
125	Biscuits	*Idem*		″	″
126	Pruneaux	Kilogr.		″	″
127	Confitures et compotes	*Idem*		″	″
128	Beurre frais ou demi-sel	*Idem*		″	″
129	Fleur de farine	*Idem*		″	″
130	Lait	Litre		″	″
131	Saindoux	Kilogr.		″	″
132	Sel blanc ou gris	*Idem*		″	″
133	Assaisonnements	*Idem*	Divers	″	″
134	Conserves alimentaires animales	*Idem*	1. Bœuf	″	″
			2. Essences de bouillon	″	″
			3. Lait concentré	″	″
135	Conserves alimentaires végétales	*Idem*		″	″
136	Café	*Idem*		″	″

ARTICLE 3. — CHAUFFAGE ET ÉCLAIRAGE.

NUMÉROS	PAR UNITÉ PRINCIPALE	UNITÉ	PAR ESPÈCE D'OBJETS	Neuf	En service
137	Bois à brûler	Q[t] mét.		″	″
138	Charbon de bois, braise	Hectol.		″	″
139	Charbon de terre, coke	Q[t] mét.	1. Charbon de terre	″	″
			2. Coke	″	″
140	Fagots d'allumage	Nombre.		″	″
141	Matières d'éclairage	Kilogr.	1. Allumettes	″	″
			2. Bougies diverses	″	″
			3. Huile à brûler	″	″
			4. Mèches diverses	″	″
			5. Porte-mèches	″	″
142	Abat-jour	Nombre.		″	″

OBSERVATIONS.	DIMENSIONS RÉGLEMENTAIRES.					POIDS RÉGLEMENTAIRE.
	Longueur.	Largeur.	Hauteur.	Épaisseur.	Profondeur.	
	mèt.	mèt.	mèt.	mèt.	mèt.	kil. gr.
Haricots, lentilles, pois.						
Cerises, fraises, framboises, groseilles, raisins, figues, dattes.						
Pommes, poires, pêches, abricots, oranges.						
Huile à manger, sucre pour aliments, vinaigres divers.						
Légumes frais divers pour aliments; légumes ordinaires pour aliments, bouillons, soupes, potages et pour la marmite; fruits divers.						

NUMÉROS d'ordre par unité simple ou collective.	DÉNOMINATION ET CLASSIFICATION DES MATIÈRES			PRIX DU TARIF au CLASSEMENT.	
	PAR UNITÉ PRINCIPALE, simple ou collective.	UNITÉ réglementaire.	PAR ESPÈCE D'OBJETS.	Neuf.	En service.
				fr. c.	fr. c.

ARTICLE 4. — BLANCHISSAGE.

143	Savon	Kilog.		″	″
144	Cristaux de soude	Idem.		″	″
145	Cordes et tringles	Idem.	1. Cordes à lessive en 9 fils	″	″
			2. Tringles galvanisées en fer	″	″
146	Objets accessoires	Nombre.	1. Battoirs de laveuses en hêtre	″	″
			2. Épingles de bois	″	″
			3. Piquets et perches d'étendage	″	″

ARTICLE 5. — ENTRETIEN ET RÉPARATION DU MOBILIER ET PROPRETÉ.

147	Bois d'essences diverses	M. cube.	1. Chêne ou hêtre	″	″
			2. Sapin ou peuplier	″	″
148	Matières d'entretien pour objets mobiliers	Kilog.	1. Clous, pointes ou vis	″	″
			2. Couleurs à l'huile	″	″
			3. Couleurs à la colle	″	″
			4. Fer-blanc	″	″
			5. Fers ronds, carrés et feuillards	″	″
			6. Fil de fer	″	″
			7. Soudures	″	″
			8. Matières diverses	″	″
149	Objets divers	Nombre.	1. Aiguilles	″	″
			2. Anneaux de rideaux en cuivre	″	″
			3. Boutons d'os polis	″	″
			4. Épingles	″	″
			5. Étuis d'aiguilles	″	″
150	Matières d'entretien pour effets mobiliers	Kilog.	1. Agrafes	″	″
			2. Coton filé plat	″	″
			3. Cuirs	″	″
			4. Fil à coudre	″	″

OBSERVATIONS.	DIMENSIONS RÉGLEMENTAIRES.					POIDS RÉGLEMENTAIRE.
	Longueur.	Largeur.	Hauteur.	Épaisseur.	Profondeur.	
	mèt.	mèt.	mèt.	mèt.	mèt.	kil. gr.
Savon ordinaire et savon noir.						
Mouliné blanc et bis.						
Fil blanc et bis n° 54.						
Fil bis n° 36.						
Fil noir n° 54.						

NUMÉROS d'ordre par unité simple ou collective.	DÉNOMINATION ET CLASSIFICATION DES MATIÈRES			PRIX DU TARIF au CLASSEMENT.	
	PAR UNITÉ PRINCIPALE, simple ou collective.	UNITÉ réglementaire.	PAR ESPÈCE D'OBJETS.	Neuf.	En service.
				fr. c.	fr. c.
150 (Suite.)	MATIÈRES d'entretien pour effets mobiliers... (Suite.)	Kilog...	5. Laine filée	"	"
			6. Ruban de fil	"	"
151	PAILLE de couchage	*Idem*...	1. De maïs	"	"
			2. De seigle	"	"
152	OBJETS de propreté	Nombre.	1. Balais de bouleau ou de bruyère	"	"
			2. Balais de chiendent, petits	"	"
			3. Balais de crin	"	"
			4. Brosses à frotter	"	"
			5. Brosses à habit	"	"
			6. Brosses en chiendent emmanchées	"	"
			7. Brosses à ongles	"	"
			8. Douets de propreté	"	"
			9. Manches à balai	"	"
			10. Plumeaux	"	"
			11. Sabots	"	"
			12. Têtes-de-loup	"	"
153	OBJETS de propreté	Kilog...	1. Blanc d'Espagne	"	"
			2. Brique anglaise pour couteaux	"	"
			3. Cire jaune et encaustique	"	"
			4. Éponges	"	"
			5. Sable	"	"
			6. Savons divers	"	"
			7. Sciure de bois	"	"
154	TAPIS	M. cour.	Tapis courants pour les salles	6 00	4 00

ARTICLE 6. — OBJETS DE BUREAU.

155	PAPIERS divers	Main.	1. Papier à enveloppes, carré bulle	"	"
			2. Papier à états (écu et tellière)	"	"
			3. Papier à lettre (pot et poulet, coquille glacé)	"	"
			4. Papiers ordinaires	"	"
			5. Imprimés divers	"	"

OBSERVATIONS.	DIMENSIONS RÉGLEMENTAIRES.					POIDS RÉGLEMENTAIRE.
	Longueur.	Largeur.	Hauteur.	Épaisseur.	Profondeur.	
	mèt.	mèt.	mèt.	mèt.	mèt.	kil. gr.
Laine blanche en 5 fils n° 8.						
Laine grise en 5 fils n° 8.						
Laine bleue en 5 fils n° 8.						
Rubans de fil blanc de 3 largeurs, 0^{m},025, 0^{m},022 et 0^{m},017.						
Rubans de fil gris de 2 largeurs, 0^{m},023 et 0^{m},021.						
Auront 24 trous sur 6.						
Auront 16 trous sur 8.						
Auront 84 trous.						
En plumes d'autruche.						
Spécialement accordés pour les hôpitaux des 1res, 8e et 9e divisions militaires.						
De 9 kilogrammes la rame.						
Écu de 11 kilogrammes la rame, et de 0^{m},40 sur 0^{m},26 ; tellière de 8 kilogrammes la rame et de 0^{m},33 sur 0^{m},215.						
Pot et poulet de 5 kilogrammes la rame et de 295 sur 195 millimètres.						
De 3^{k},500 la rame..	0 31	0 20				
Les étiquettes de pharmacie et autres tout compris.						

NUMÉROS d'ordre par unité simple ou collective.	DÉNOMINATION ET CLASSIFICATION DES MATIÈRES — PAR UNITÉ PRINCIPALE, simple ou collective.	UNITÉ réglementaire.	PAR ESPÈCE D'OBJETS.	PRIX DU TARIF AU CLASSEMENT. Neuf.	En service.
				fr. c.	fr. c.
156	Objets divers de bureau	Nombre.	1. Bouteille de carmin (extra-supérieur)	//	//
			2. Bouteille de sandaraque	//	//
			3. Bâtons de cire à cacheter	//	//
			4. Boîtes de plumes métalliques	//	//
			5. Canifs et grattoirs	//	//
			6. Couteaux à papier, en bois	//	//
			7. Crayons	//	//
			8. Enveloppes blanches et grises	//	//
			9. Encriers divers	//	//
			10. Grimaces pour pains à cacheter	//	//
			11. Morceaux de gomme élastique naturelle	//	//
			12. Paquets de plumes	//	//
			13. Pelotes de fil rouge	//	//
			14. Poinçons	//	//
			15. Porte-plumes	//	//
			16. Registres et carnets divers	//	//
			17. Règles plates et carrées	//	//
			18. Sébiles	//	//
157	Matières diverses de bureau	Kilog.	1. Encre noire	//	//
			2. Pains à cacheter	//	//
			3. Poudre ou sable	//	//

ARTICLE 7. — OBJETS DE SÉPULTURE.

158	Bières	Nombre.		//	//
159	Suaires	*Idem.*		//	//

CHAPITRE II. — MATÉRIEL AFFECTÉ AU TRAITEMENT DES MALADES.

ARTICLE 1er. — EFFETS ET OBJETS DE COUCHAGE.

160	Couchettes en fer	Nombre.		50 00	35 00
161	Sommiers élastiques	*Idem.*		//	//
162	Couvertures de laine	*Idem.*	1. Blanches	28 00	18 00
			2. Grises	22 00	14 00
163	Couvre-pieds en piqué anglais blanc	*Idem.*		14 00	10 00
164	Draps de lit, en toile	*Idem.*		9 50	7 00

OBSERVATIONS.	DIMENSIONS RÉGLEMENTAIRES.					POIDS RÉGLEMENTAIRE.
	Longueur.	Largeur.	Hauteur.	Épaisseur.	Profondeur.	
	mèt.	mèt.	mèt.	mèt.	mèt.	kil. gr.
Articulées dans toutes leurs parties, se repliant sur elles-mêmes sans être démontées. Les couchettes employées au service des sœurs seront garnies d'un baldaquin........	1 95	0 92	Tête 1 10 Pied 0 81	......	......	47 500
....	2 90	2 15	......	......	......	4 100
....	2 90	2 15	......	......	......	4 100
Pour le service des sœurs spécialement........	2 50	2 10	......	......	......	2 100
....	3 00	2 00	......	......	......	1 850

NUMÉROS d'ordre par unité simple ou collective.	DÉNOMINATION ET CLASSIFICATION DES MATIÈRES — PAR UNITÉ PRINCIPALE, simple ou collective.	UNITÉ réglementaire.	PAR ESPÈCE D'OBJETS.	PRIX DU TARIF au CLASSEMENT. Neuf.	En service.
				fr. c.	fr. c.
165	ENVELOPPES à matelas, en toile	Nombre.	....	7 00	5 00
166	ENVELOPPES pour oreillers, en coutil	*Idem*...	....	2 50	1 80
167	ENVELOPPES pour traversins, en toile	*Idem*...	....	1 50	1 00
168	PAILLASSES	*Idem*...	....	7 00	5 00
169	PETITS SACS de lit	*Idem*...	....	0 50	0 35
170	SACS à paille	*Idem*...	....	1 50	1 00
171	TAIES d'oreillers	*Idem*...	....	2 00	1 3

ARTICLE 2.— EFFETS ET OBJETS A L'USAGE SPÉCIAL DES MALADES.

NUMÉROS	PAR UNITÉ PRINCIPALE	UNITÉ	PAR ESPÈCE D'OBJETS	Neuf	En service
172	BONNETS de coton	Nombre.	....	1 10	0 7
173	CALEÇONS en cretonne de coton	*Idem*...	1re taille, sous-ceinture 2e..... *idem*	1 60	1 1
174	CAPOTES en drap bleu	*Idem*...	Pour officiers.... 1re taille, sous-collet 2e..... *idem* 3e..... *idem*	38 00	26 0
175	CAPOTES en drap beige	*Idem*...	Pour sous-officiers et soldats..... 1re taille, sous-collet 2e..... *idem* 3e..... *idem*	22 00	15 0
176	CHAUSSETTES de laine	Paire...	....	1 60	1 2
177	CHEMISES de toile	Nombre.	Sous-col	4 00	3 0
178	CHEMISES de coton	*Idem*...	....	3 00	2 0
179	CRAVATES de coton	*Idem*...	....	0 90	0 6
180	MOUCHOIRS de toile	*Idem*...	....	1 00	0 7
181	EFFETS en flanelle	*Idem*...	1. Bonnet (des oreilles au sommet)	1 00	0 7
			2. Caleçons (sous-ceinture)	6 00	4 0
			3. Ceintures	2 50	1 7
			4. Chemises et peignoirs (sous-col dans le bas)	16 00	12 0
			5. Gilet	6 00	4 0
182	PANTALONS de drap bleu	*Idem*...	Pour officiers.... 1re taille, sous-ceinture 2e..... *idem* 3e..... *idem*	16 00	11 0

OBSERVATIONS.	DIMENSIONS RÉGLEMENTAIRES.					POIDS RÉGLEMENTAIRE.
	Longueur.	Largeur.	Hauteur.	Épaisseur.	Profondeur.	
	mèt.	mèt.	mèt.	mèt.	mèt.	kil. gr.
	2 10	1 15				1 600
	0 65	0 60				0 250
	0 90	0 40				0 280
	1 95	0 90	0 23			1 750
	0 35	0 20				0 080
	0 90	0 45				0 340
	0 70	0 65				0 200
						0 110
	1 00					
						0 260
	0 95					
	1 35					
	1 30					1 750
	1 25					
	1 35					
	1 30					2 000
	1 25					
Sont de trois dimensions						0 170
	1 00	0 78				0 700
	1 00	0 78				0 500
	1 50	0 45				0 130
	0 70	0 70				
	0 43	0 27				0 060
	1 00					0 550
	1 00	0 28				0 180
	1 15	2 34				1 150
	0 75	1 30				0 350
	1 15					
Avec brayette et fond doublé en toile de coton	1 10					0 560
	1 05					

NUMÉROS d'ordre par unité simple ou collective.	DÉNOMINATION ET CLASSIFICATION DES MATIÈRES — PAR UNITÉ PRINCIPALE, simple ou collective.	UNITÉ réglementaire.	PAR ESPÈCE D'OBJETS.	PRIX DU TARIF au CLASSEMENT. Neuf.	En service.
				fr. c.	fr. c.
183	Pantalons en drap beige	Nombre.	Pour sous-officiers et soldats. 1re taille, sous-ceinture	10 00	7 00
			2e taille, sous ceinture		
			3e taille, sous ceinture		
184	Pantoufles	Paire.		4 50	3 00
185	Vareuses en molleton bleu	Nombre.	Pour sous-officiers et soldats, sous col.	10 00	7 00
186	Argenterie	Kilogr.	1. Cuiller à potage	250 00	225 00
			2. Cuiller à bouche		
			3. Cuiller à café		
			4. Fourchette		
187	Ustensiles argentés	Nombre.	1. Cuiller à potage	12 00	8 00
			2. Cuiller à bouche	3 00	2 00
			3. Cuiller à café	2 00	1 50
			4. Cuiller à ragoût	8 00	5 00
			5. Fourchette	3 00	2 00
188	Ustensiles en étain	Kilogr.	1. Assiette	3 50	3 00
			2. Bassin de lit		
			3. Biberon		
			4. Crachoir		
			5. Écuelle		
			6. Gobelet de 30c		
			7. Moine		
			8. Pots à tisane		
			9. Urinoir		
189	Ustensiles en fer battu étamé	Nombre.	1. Assiette	0 50	0 35
			2. Crachoirs	0 70	0 45
			3. Cuiller à bouche	0 18	0 12
			4. Fourchette à bouche	0 18	0 12
			5. Gamelle	0 80	0 50
			6. Gobelets de 30c	0 50	0 35

OBSERVATIONS.	DIMENSIONS RÉGLEMENTAIRES. Longueur.	Largeur.	Hauteur.	Épaisseur.	Profondeur.	POIDS RÉGLEMENTAIRE.
	mèt.	mèt.	mèt.	mèt.	mèt.	kilog.
Avec brayette et fond doublé en toile de coton	1 15					0 800
Idem	1 10					
Idem	1 05					
Sans quartier						0 230
	0 65	1 50				0 725
						0 207.5
						0 080.1
Modèle sans filets. Le nombre et le poids de ces ustensiles seront toujours indiqués dans les comptes						0 023.9
						0 085.6
Modèle sans filets						0 241
Idem						0 074
Idem						0 050.2
Idem						0 119.5
Idem						0 007.6
	0 170	0 170			0 029	0 530
Pourront être munis d'un couvercle en étain mobile en forme d'un entonnoir renversé	0 255	0 255			0 075	2 00
	0 090	0 090			0 057	0 440
	0 160	0 160			0 055	0 370
	0 169	0 169			0 048	0 660
	0 082	0 082			0 087	0 280
	0 091	0 091			0 251	1 700
	0 009	0 009			0 143	1 250
						1 00
		0 190			0 030	1 165
		0 120			0 044	0 145
						0 075
						0 065
Avec une anse double, mobile, en fil de fer, se rabattant sur les côtés		0 160			0 072	0 245
		0 080			0 080	0 105

NUMÉROS d'ordre par unité simple ou collective.	DÉNOMINATION ET CLASSIFICATION DES MATIÈRES — PAR UNITÉ PRINCIPALE simple ou collective.	UNITÉ réglementaire.	PAR ESPÈCE D'OBJETS.	PRIX DU TARIF au CLASSEMENT. — Neuf.	En service.
				fr. c.	fr. c.
189 (Suite.)	USTENSILES en fer battu étamé........... (Suite.)	Nombre.	7. Pots à tisanne de 1 litre....................	0 70	0 45
			8. Urinoirs................................	0 70	0 45
190	USTENSILES en porcelaine et en faïence.....	*Idem.*	1. Assiettes................................	0 55	0 30
			2. Bols et écuelles à potages..............	0 60	0 40
			3. Boîtes à savon...........................	0 70	0 40
			4. Bol à éponge.............................	0 50	0 20
			5. Compotier................................	2 70	1 40
			6. Coquetier................................	0 15	0 08
			7. Couvercles de pots à tisane..............	0 20	0 10
			8. Cuvette..................................	2 00	1 00
			9. Moutardier...............................	1 50	0 70
			10. Plats divers............................	2 20	1 10
			11. Pots à l'eau............................	1 70	0 90
			12. Saladier................................	2 10	1 00
			13. Saucière................................	3 00	1 50
			14. Soupière................................	6 00	3 00
			15. Sucrier.................................	1 70	0 90
			16. Vase de nuit............................	1 90	1 00
			17. Bassin de chaise percée en faïence......	3 00	1 50
			18. Génieux en faïence......................	0 20	0 10
			19. Lampe veilleuse en faïence..............	2 00	1 00
			20. Pot à tisane en faïence.................	1 55	0 75
191	USTENSILES en grès et en terre............	*Idem.*	1. Cruchons.................................	0 35	0 20
			2. Terrines diverses........................	1 50	0 70
192	USTENSILES en cristal et en verre..........	*Idem.*	1. Carafes en cristal.......................	3 00	1 50
			2. Huilier complet..........................	6 50	3 50
			3. Salière en cristal.......................	0 40	0 20
			4. Verre à boire............................	0 30	0 20
			5. Bouteilles ordinaires en verre blanc.....	0 25	0 15
			6. Godets pour lampes veilleuses en verre blanc....	0 30	0 15
			7. Verres à quinquets en verre blanc........	0 40	0 20

OBSERVATIONS.	DIMENSIONS RÉGLEMENTAIRES.					POIDS RÉGLEMENTAIRE.
	Longueur.	Largeur.	Hauteur.	Épaisseur.	Profondeur.	
	mèt.	mèt.	mèt.	mèt.	mèt.	kilog.
Avec une anse double, mobile, en fil de fer, se rabattant sur les côtés.........	......	0 115	......	......	0 155	0 275
Nota. Ces ustensiles seront spéciaux aux hôpitaux temporaires et ambulances à l'exception des cuillers et des fourchettes.........................	......	......	......	......	......	0 350
Creuses et plates en porcelaine renforcée..............................						
Idem..						
Pour commode-lavabo, spécialement..........................						
Idem..						
En porcelaine renforcée..						
Idem..						
Idem..						
Idem..						
Idem..						
En porcelaine renforcée, plats ovales de 0,m425 et 0,m36 de long, ronds de 0m,31 diamètre, creux de 0m,275 de diamètre.........................						
En porcelaine..						
En porcelaine renforcée..						
Idem..						
Idem............... (sur 3 dimensions pour 3, 6 et 12 couverts..........						
En porcelaine..						
Idem..						
....						
....						
....						
Nota. Les ustensiles en porcelaine seront toujours en porcelaine dite de second choix..						
....						
De dimensions assorties au besoin du service...........................						
Taillée, conique...						
Burettes en cristal sans anses et à 2 becs.............................						
....						
Taillé..						
....						
....						
....						

NUMÉROS d'ordre par unité simple ou collective.	DÉNOMINATION ET CLASSIFICATION DES MATIÈRES			PRIX DU TARIF au CLASSEMENT.	
	PAR UNITÉ PRINCIPALE, simple ou collective.	UNITÉ réglementaire.	PAR ESPÈCE D'OBJETS.	Neuf.	En service.
				fr. c.	fr. c.

ARTICLE 3. — EFFETS ET OBJETS ACCESSOIRES.

193	Corsets de force	Nombre.		25 00	17 00
194	Peignoirs en toile	*Idem*	Service des bains	6 20	4 20
195	Nappes	*Idem*		12 00	8 00
				8 00	5 50
196	Sarraux d'officiers de santé	*Idem*	En coton teint en marron	7 00	5 00
197	Serviettes de toile	*Idem*	Pour la table	1 50	1 00
			Pour la toilette	1 25	0 80
198	Tabliers	*Idem*	1. D'infirmiers	1 90	1 50
			2. D'officiers de santé	3 50	2 30
			3. Pour les sœurs	4 50	3 00
199	Torchons	*Idem*		0 90	0 70
200	Crachoirs en toile	*Idem*	De 1/4 de drap	″	1 00
201	Rideaux confectionnés	Mètre	1. Rideaux en coton écru	2 50	1 70
			2. Rideaux en coton teint en bleu	3 40	2 30
			3. Rideaux en mousseline unie	1 50	1 00
			4. Rideaux en laine	5 00	3 00
202	Tapis de bureaux	Mèt. car.	En drap vert	14 00	9 50
203	Descente de lit	Nombre.		4 50	3 00
204	Sacs à denrées et enveloppes pour couvertures	*Idem*	1. Ordinaire	4 50	3 00
			2. de 3 kilogrammes	0 50	0 35
			3. de 6 *idem*	0 65	0 45
			4. de 9 *idem*	0 75	0 50
			5. de 12 *idem*	0 85	0 55
			6. Enveloppes pour couvertures	4 00	2 70
			7. Enveloppes en toile pour divers effets en linge de caisson d'ambulance	4 00	2 70
205	Effets en toile pour corvées		1. Blouses d'ouvriers (sans collet)	4 50	2 80
			2. Pantalons	3 50	2 25
			3. Veste	3 00	2 25

OBSERVATIONS.	DIMENSIONS RÉGLEMENTAIRES.					POIDS RÉGLEMENTAIRE.
	Longueur.	Largeur.	Hauteur.	Épaisseur.	Profondeur.	
	mèt.	mèt.	mèt.	mèt.	mèt.	kil. gr.
En treillis	......	......	......	......	......	2 800
En deux lés de toile à draps	1 40	......	......	......	......	1 150
......	3 00	1 70	......	......	......	......
......	1 70	1 70	......	......	......	0 660
......	1 30	......	......	......	......	0 940
......	0 94	0 71	......	......	......	0 170
......	0 94	0 71	......	......	......	0 220
......	......	1 00	1 00	......	......	0 365
......	......	1 15	1 00 sans bavette.	......	......	0 395
......	......	2 00	0 95 sans bavette.	......	......	0 520
......	0 90	0 75	......	......	......	0 260
Seront toujours faits avec des draps hors de service.						
Bordés de serge verte, portant chacun deux lés d'étoffe.						
A deux lés chaque.						
Un tissu jaspé noir et gris et à bordure rouge	1 25	0 75	......	......	......	1 295
En treillis	......	......	......	......	......	0 960
......	1 00	......	......	......	......	1 140
Sur plusieurs tailles	......	......	......	......	......	0 620
Sur plusieurs tailles fermant à plastron sur la poitrine et doublés en même toile	......	......	......	......	......	0 820

NUMÉROS D'ORDRE par unité simple ou collective.	DÉNOMINATION ET CLASSIFICATION DES MATIÈRES			PRIX DU TARIF au CLASSEMENT.	
	PAR UNITÉ PRINCIPALE, simple ou collective.	UNITÉ réglementaire.	PAR ESPÈCE D'OBJETS.	Neuf.	En service.
				fr. c.	fr. c.

CHAPITRE III. — MATÉRIEL D'EXPLOITATION.

ARTICLE 1er. — INSTRUMENTS DE CHIRURGIE ET OBJETS ACCESSOIRES.

N. B. Les boîtes d'instruments de chirurgie ne seront jamais détaillées dans les inventaires : elles seront toujours tenues au complet. Dès qu'un instrument manquera dans une boîte, il sera remplacé de suite.

NUMÉROS D'ORDRE	PAR UNITÉ PRINCIPALE	UNITÉ réglementaire	PAR ESPÈCE D'OBJETS	Neuf	En service
206	BOÎTES réglementaires d'instruments de chirurgie, complètes............	Nombre..	1. Boîte n° 1. Avulsion des dents................	30 75	18 6
			2. Boîte n° 2. Amputation et trépan (grande boîte)....	180 80	121 4

COMPOSITION DES BOÎTES D'INSTRUMENTS DE CHIRURGIE.	NOMBRE d'instruments contenus dans chaque boîte.	PRIX AU CLASSEMENT.		MONTANT AU CLASSEMENT.	
		Neuf.	En service.	Neuf.	En service.
		fr. c.	fr. c.	fr. c.	fr. c.
1. Clef de Garengeot, avec quatre crochets	1	2 75	1 50	2 75	1 50
2. Davier, un droit et un courbe sur le plat	2	3 50	2 80	7 00	4 80
3. Fil de platine, demi-mètre	//	2 50	//	2 50	//
4. Fil de soie solide pour attacher les dents, un gramme	//	//	//	//	//
5. Langue-de-carpe	1	1 75	1 00	1 75	1 00
6. Manche pour langue-de-carpe et clef de Garengeot	1	1 25	0 80	1 25	0 80
7. Pied-de-biche	1	2 00	1 50	2 00	1 50
8. Rugine à biseaux variés	1	1 50	1 00	1 50	1 00
La boîte vide	//	12 00	8 00	12 00	8 00
	7	....	....	30 75	18 60
1. Aiguilles à suture	12	0 25	0 15	3 00	1 80
2. Bistouri convexe, à coulant, de Larrey	3	2 75	1 80	8 25	5 40
3. Bistouri droit de deux largeurs	6	2 75	1 80	16 50	10 80
4. Bistouri droit, mousse, à coulant, de Larrey	2	2 75	1 80	5 50	3 60
5. Bistouri, pointe au milieu, à coulant, de Larrey	1	2 75	1 80	2 75	1 80
6. Boîte de pâte minérale	1	0 75	0 50	0 75	0 50
7. Boîte en gaînerie pour mettre les aiguilles à suture	1	2 25	1 75	2 25	1 75
8. Brosse plate	1	0 80	0 50	0 80	0 50
9. Ciseaux à branches serrées, en acier fondu, à tenon rivé carré	1	2 75	1 80	2 75	1 80
10. Couronne supplémentaire pour la tréphine, avec curseur	1	6 00	4 50	6 00	4 50
11. Couteau à désarticulation de Larrey, longueur 0m,115	1	3 25	2 40	3 25	2 40
12. Couteau à un tranchant, pointe au milieu, longueur 0m,160 (poli).	1	4 25	2 75	4 25	2 75
13. *Idem* 0m,175	2	4 25	2 75	8 50	5 50
14. *Idem* 0m,205	2	4 25	2 75	8 50	5 50
15. *Idem* 0m,235	1	4 25	2 75	4 25	2 75
16. Couteau interosseux de Larrey, longueur 0m,130	1	4 25	2 75	4 25	2 75
17. Cuir à rasoir, avec étui	1	2 00	1 50	2 00	1 50
18. Élévatoire avec rugine d'un bout, taillé en lime du côté plat	1	2 00	1 50	2 00	1 50
A reporter	39	....	....	85 55	57 10

NUMÉROS D'ORDRE par unité simple ou collective.	DENOMINATION ET CLASSIFICATION DES MATIÈRES			PRIX DU TARIF au CLASSEMENT.	
	PAR UNITÉ PRINCIPALE, simple ou collective.	UNITÉ réglementaire.	PAR ESPÈCE D'OBJETS.	Neuf.	En service.
				fr. c.	fr. c.
206 (Suite.)	Boîtes réglementaires d'instruments de chirurgie, complètes............ (Suite.)	Nombre.	2. Boîte n° 2. Amputation et trépan. (Grande boîte.)... (Suite.)	180 80	121 40
			3. Boîte n° 3. Amputations. (Petite boîte.).........	123 80	82 70

COMPOSITION DES BOÎTES D'INSTRUMENTS DE CHIRURGIE.	NOMBRE d'instruments contenus dans chaque boîte.	PRIX AU CLASSEMENT.		MONTANT AU CLASSEMENT.	
		Neuf.	En service.	Neuf.	En service.
		fr. c.	fr. c.	fr. c.	fr. c.
Report	39	....	....	85 55	57 10
19. Épingles disposées pour suture (le cent)	50	0 50	0 30	0 25	0 15
20. Pelote compressive de Larrey	1	0 50	0 25	0 50	0 25
21. Pince à torsion, à verrou démontant	2	6 00	4 00	12 00	8 00
22. Pince ordinaire taillée en lime	1	2 50	1 60	2 50	1 60
23. Pince tire-balles pour esquilles et polypes, à tenon rivé carré et à point d'arrêt	1	4 00	2 60	4 00	2 60
24. Scie à manche, plate semelle, trois lames, dont une étroite	1	15 00	10 00	15 00	10 00
25. Sonde de femme, en argent, pesant 10 grammes	1	2 50	2 00	2 50	2 00
26. Sonde d'homme, en argent, pesant 17 grammes	1	6 50	5 00	6 50	5 00
27. Sondes courbes, en gomme élastique, avec mandrins (yeux dans le tissu), 1re qualité	2	1 50	1 00	3 00	2 00
28. Tire-fond avec canule conductrice	1	4 00	2 70	4 00	2 70
29. Tourniquet à vis, deux pelotes, quatre rouleaux	1	8 00	5 00	8 00	5 00
30. Tréphine avec couronne et curseur	1	12 00	7 00	12 00	7 00
La boîte vide	//	25 00	18 00	25 00	18 00
	102	....	....	180 80	121 40
1. Aiguilles à suture	8	0 25	0 10	2 00	0 80
2. Bistouri convexe, à coulant, de Larrey	2	2 75	1 80	5 50	3 60
3. *Idem* droit, mousse, à coulant, de Larrey	2	2 75	1 80	5 50	3 60
4. *Idem* étroit, pour la désarticulation des phalanges	1	2 75	1 80	2 75	1 80
5. *Idem* pointe au milieu, à coulant, de Larrey	3	2 75	1 80	8 25	5 40
6. Boîte de pâte minérale	1	0 75	0 50	0 75	0 50
7. Boîte en gaînerie pour mettre les aiguilles à suture	1	2 25	1 70	2 25	1 70
8. Brosse plate	1	0 80	0 50	0 80	0 50
9. Ciseaux à branches serrées, en acier fondu, à tenon rivé carré	1	2 75	1 80	2 75	1 80
10. Couteau à désarticulation de Larrey ...... longueur 0m,115 (poli blanc)	1	3 50	2 40	3 50	2 40
11. Couteau à un tranchant, pointe au milieu .... 0m,160 (*idem*)	1	3 50	2 40	3 50	2 40
12. *Idem* .... 0m,205 (*idem*)	1	3 50	2 40	3 50	2 40
13. Couteau interosseux de Larrey .... 0m,130 (*idem*)	1	3 50	2 40	3 50	2 40
14. Cuir à rasoir, avec étui	1	2 00	1 50	2 00	1 50
15. Élévatoire avec rugine d'un bout, taillé en lime du côté plat	1	2 00	1 50	2 00	1 50
16. Épingles disposées pour suture (le cent)	50	0 50	0 30	0 25	0 15
A reporter	76	....	....	48 80	32 45

NUMÉROS D'ORDRE par unité simple ou collective.	DÉNOMINATION ET CLASSIFICATION DES MATIÈRES			PRIX DU TARIF au CLASSEMENT.	
	PAR UNITÉ PRINCIPALE, simple ou collective.	UNITÉ réglementaire.	PAR ESPÈCE D'OBJETS.	Neuf.	En service.
				fr. c.	fr. c.
			3. Boîte n° 3. Amputations. (Suite.)	123 80	82 70
206 (Suite.)	Boîtes réglementaires d'instruments de chirurgie, complètes (Suite.)	Nombre.	4. Boîte n° 4. Couteaux de rechange	55 50	38 30
			5. Boîte n° 5. Maladies des yeux et des voies lacrymales. (Grande boîte.)	155 50	116 60

COMPOSITION DES BOÎTES D'INSTRUMENTS DE CHIRURGIE.	NOMBRE D'INSTRUMENTS contenus dans chaque boîte.	PRIX AU CLASSEMENT. Neuf.	PRIX AU CLASSEMENT. En service.	MONTANT AU CLASSEMENT. Neuf.	MONTANT AU CLASSEMENT. En service.
		fr. c.	fr. c.	fr. c.	fr. c.
Report	76	....	....	48 80	32 45
17. Pelote compressive de Larrey	1	0 50	0 25	0 50	0 25
18. Pince à torsion, à verrou démontant	1	6 00	4 00	6 00	4 00
19. Pince ordinaire, taillée en lime	1	2 50	1 60	2 50	1 60
20. Pince tire-balles pour esquilles et polypes, à tenon carré, rivé et à point d'arrêt	1	4 00	2 70	4 00	2 70
21. Scie à manche, plate semelle, avec trois lames, dont une étroite	1	15 00	10 00	15 00	10 00
22. Sonde courbe en gomme élastique, avec mandrin (yeux dans le tissu), 1re qualité	2	1 50	1 00	3 00	2 00
23. Tire-fond avec sa canule conductrice	1	4 00	2 70	4 00	2 70
24. Tourniquet à vis, deux pelotes, quatre rouleaux	1	8 00	5 00	8 00	5 00
25. Tréphine avec couronne et curseur	1	12 00	7 00	12 00	7 00
La boîte vide	//	20 00	15 00	20 00	15 00
	86	....	....	123 80	82 70
1. Couteau à désarticulation, longueur 0m,115 (poli blanc)	2	3 50	2 40	7 00	4 80
2. Couteau interosseux 0m,130 (*idem*)	1	3 50	2 40	3 50	2 40
3. Couteau, pointe au milieu 0m,160, (*idem*)	1	3 50	2 40	3 50	2 40
4. *Idem* 0m,175 (*idem*)	3	3 50	2 40	10 50	7 20
5. *Idem* 0m,205 (*idem*)	4	4 00	2 70	16 00	10 80
6. *Idem* 0m,235 (*idem*)	1	4 00	2 70	4 00	2 70
La boîte vide	//	11 00	8 00	11 00	8 00
	12	....	....	55 50	38 30
1. Aiguilles de Dupuytren	4	2 25	1 50	9 00	6 00
2. Aiguilles de Scarpa	2	2 25	1 50	4 50	3 00
3. Aiguilles de Sichel	1	2 25	1 50	2 25	1 50
4. Aiguilles de Walter	1	2 25	1 50	2 25	1 50
5. Bistouri de J.-L. Petit	1	3 00	2 00	3 00	2 00
6. Canule à ressort de Pamard, en argent	1	5 00	3 00	5 00	3 00
7. Canule de Dupuytren, en argent	6	1 00	0 80	6 00	4 80
8. Cathéters de Gensoul, en acier	2	1 50	1 00	3 00	2 00
9. Ciseaux courbes sur le plat, à tenon rivé, carré	1	3 00	2 00	3 00	2 00
A reporter	19	....	....	38 00	25 80

NUMÉROS D'ORDRE par unité simple ou collective.	DÉNOMINATION ET CLASSIFICATION DES MATIÈRES — PAR UNITÉ PRINCIPALE, simple ou collective.	UNITÉ réglementaire.	PAR ESPÈCE D'OBJETS.	PRIX DU TARIF AU CLASSEMENT. Neuf.	En service.
				fr. c.	fr. c.
206 (Suite.)	BOÎTES réglementaires d'instruments de chirurgie, complètes. . . . . (Suite.)	Nombre.	5. Boîte n° 5. Maladies des yeux et des voies lacrymales (grande boîte). . . . . (Suite.)	155 50	116 60
			6. Boîte n° 6. Maladie des yeux et des voies lacrymales (petite boîte).	105 25	77 9

COMPOSITION DES BOÎTES D'INSTRUMENTS DE CHIRURGIE.	NOMBRE D'INSTRUMENTS contenus dans chaque boîte.	PRIX AU CLASSEMENT.		MONTANT AU CLASSEMENT.	
		Neuf.	En service.	Neuf.	En service.
		fr. c.	fr. c.	fr. c.	fr. c.
Report	19	....	....	38 00	25 80
10. Ciseaux droits à tenon rivé carré	1	2 50	1 60	2 50	1 60
11. Couteau de Sichel	1	2 25	1 50	2 25	1 50
12. Couteau de Richter	4	2 25	1 50	9 00	6 00
13. Couteau de Wentzel	1	2 25	1 50	2 25	1 50
14. Couteau lancéolaire de Beer	1	2 25	1 50	2 25	1 50
15. Érigne de Beer	1	2 25	1 50	2 25	1 50
16. Kystitome de Sichel, à curette en argent	1	5 00	3 00	5 00	3 00
17. Mandrins pour placer les canules de Dupuytren	2	1 00	0 70	2 00	1 40
18. Mandrin de Cloquet pour les extraire	1	2 00	1 40	2 00	1 40
19. Mandrin dilatateur de Charrière	1	5 00	3 00	5 00	3 00
20. Pince courbe, à griffes	1	3 00	2 00	3 00	2 00
21. Pince droite, à griffes	1	3 00	2 00	3 00	2 00
22. Pince de Desmarres, dite *sertelle*	1	22 00	20 00	22 00	20 00
23. Releveur de la paupière supérieure, en argent	1	5 00	4 00	5 00	4 00
24. *Idem* .... de Desmarres	1	3 00	2 50	3 00	2 50
25. Seringue d'Anel, en argent	1	10 00	8 00	10 00	8 00
26. Syphons de rechange, dont deux en argent, sans soudure, avec fil métallique pour les déboucher	3	3 00	2 50	9 00	7 50
27. Sondes de Gensoul, en argent	2	4 00	3 00	8 00	6 00
28. Stylets de Méjean et de Desmarres	2	1 00	0 70	2 00	1 40
La boîte vide	"	18 00	15 00	18 00	15 00
	46	....	....	155 50	116 60
1. Aiguilles de Dupuytren	4	2 25	1 50	9 00	6 00
2. Aiguilles de Scarpa	2	2 25	1 50	4 50	3 00
3. Bistouri de J. L. Petit	1	3 00	2 00	3 00	2 00
4. Canule de Dupuytren, en argent	6	1 00	0 80	6 00	4 80
5. Cathéters de Gensoul, en acier	2	1 50	1 00	3 00	2 00
6. Ciseaux courbes sur le plat, à tenon rivé carré	1	3 00	2 00	3 00	2 00
7. Ciseaux droits, à tenon rivé carré	1	2 50	1 60	2 50	1 60
8. Couteaux de Richter	4	2 25	1 50	9 00	6 00
9. Couteau de Wentzel	1	2 25	1 50	2 25	1 50
A reporter	22	....	....	42 25	28 90

NUMÉROS D'ORDRE par unité simple ou collective.	DÉNOMINATION ET CLASSIFICATION DES MATIÈRES			PRIX DU TARIF au CLASSEMENT.	
	PAR UNITÉ PRINCIPALE, simple ou collective.	UNITÉ réglementaire.	PAR ESPÈCE D'OBJETS.	Neuf.	En service.
				fr. c.	fr. c.
			6. Boîte n° 6. Maladies des yeux et des voies lacrymales (petite boîte)............................... (Suite.)	110 00	86 9[illegible]
206 (Suite.)	Boîtes réglementaires d'instruments de chirurgie, complètes............. (Suite.)	Nombre.			
			7. Boîte n° 7. Maladies d'oreilles.................	74 00	49 8[illegible]
			8. Boîte n° 8. Staphylorаphie et bronchotomanie.....	110 00	86 7[illegible]

COMPOSITION DES BOÎTES D'INSTRUMENTS DE CHIRURGIE.	NOMBRE d'instruments contenus dans chaque boîte.	PRIX AU CLASSEMENT. Neuf.	PRIX AU CLASSEMENT. En service.	MONTANT AU CLASSEMENT. Neuf.	MONTANT AU CLASSEMENT. En service.
		fr. c.	fr. c.	fr. c.	fr. c.
Report	22	....	....	42 25	28 90
10. Kystitome de Desmarres, à curette en argent	1	5 00	3 00	5 00	3 00
11. Mandrin pour placer les canules de Dupuytren	1	1 00	0 70	1 00	0 70
12. Mandrin de Cloquet pour les extraire	1	2 00	1 40	2 00	1 40
13. Pince courbe à griffes	1	3 00	2 00	3 00	2 00
14. Releveur de la paupière supérieure, en argent	1	5 00	4 00	5 00	4 00
15. Seringue d'Anel, en argent	1	10 00	8 00	10 00	8 00
16. Siphons de rechange, dont deux en argent sans soudure, avec fil métallique pour les déboucher	3	3 00	2 50	9 00	7 50
17. Sonde de Gensoul, en argent	2	4 00	3 00	8 00	6 00
18. Stylets de Méjean et Desmarres	2	1 00	0 70	2 00	1 40
La boîte vide	....	18 00	15 00	18 00	15 00
	35	....	....	105 25	77 90
1. Levier à curette de Bégin, modifié	1	2 00	1 40	2 00	1 40
2. Pince à pivot de Dupuytren	1	5 00	3 00	5 00	3 00
3. Pince à pression continue de Deleau	1	1 00	0 70	1 00	0 70
4. Seringue en maillechort, avec deux canules assorties	1	18 00	12 00	18 00	12 00
5. Sonde de Deleau, avec mandrin	1	2 25	1 75	2 25	1 75
6. Sonde de rechange, en gomme	1	0 75	0 50	0 75	0 50
7. Sonde d'Itard, en argent	1	4 00	3 50	4 00	3 50
8. Spéculum d'Itard	1	5 00	3 00	5 00	3 00
9. Tire-fond de Deleau	1	25 00	16 00	25 00	16 00
La boîte vide	....	11 00	8 00	11 00	8 00
	9	....	....	74 00	49 85
1. Aiguilles de Roux	4	0 50	0 30	2 00	1 20
2. Baleine porte-éponges	2	1 00	0 70	2 00	1 40
3. Bistouri fixe, très-étroit, pointu	1	3 00	2 00	3 00	2 00
4. Canules doubles à trachéotomie, à bourrelet, en argent	4	12 00	10 00	48 00	40 00
5. Ciseaux de Roux	1	5 00	4 00	5 00	4 00
6. Écouvillons	2	1 00	0 70	2 00	1 40
A reporter	14	....	....	62 00	50 00

NUMÉROS D'ORDRE par unité simple ou collective.	DÉNOMINATION ET CLASSIFICATION DES MATIÈRES			PRIX DU TARIF au CLASSEMENT.	
	PAR UNITÉ PRINCIPALE, simple ou collective.	UNITÉ réglementaire.	PAR ESPÈCE D'OBJETS.	Neuf.	En servic[e]
				fr. c.	fr. c.
206 (Suite.)	**Boîtes** réglementaires d'instruments de chirurgie, complètes.......... (Suite.)	Nombre.	8. Boîte n° 8. Staphyloraphie et bronchotomanie..... (Suite.)	105 25	77 9[illegible]
			9. Boîte n° 9. Maladies de l'œsophage.............	118 00	88 8[illegible]
			10. Boîte n° 10. Maladies des voies urinaires........	349 00	240 7[illegible]

COMPOSITION DES BOÎTES D'INSTRUMENTS DE CHIRURGIE.	NOMBRE D'INSTRUMENTS contenus dans chaque boîte.	PRIX AU CLASSEMENT.		MONTANT AU CLASSEMENT.	
		Neuf.	En service.	Neuf.	En service.
		fr. c.	fr. c.	fr. c.	fr. c.
Report	14	....	....	62 00	50 00
7. Pince courbe à griffes	1	4 00	3 00	4 00	3 00
8. Pince dilatatrice de Trousseau	1	4 00	2 70	4 00	2 70
9. Porte-aiguilles de Roux	1	8 00	5 00	8 00	5 00
10. Porte-suture de Depierris	1	20 00	18 00	20 00	18 00
La boite vide	....	12 00	8 00	12 00	8 00
	18	....	....	110 00	86 70
1. Boule fumigatoire, un robinet à double effet, une canule plongeante, une canule nasale et une buccale, avec tuyau en gomme élastique et une canule en bois, le tout s'ajustant sur la seringue en étain, à double parachute	1	36 00	24 00	36 00	24 00
2. Crochet double monté sur baleine de Grœffe	1	5 00	4 00	5 00	4 00
3. Crochet simple, à tige en argent, de Bégin	1	6 00	4 50	6 00	4 50
4. Dilatateur de l'œsophage, composé d'une tige en argent et de six olives en ivoire de grosseurs variées, se vissant sur la tige	1	28 00	25 00	28 00	25 00
5. Pince courbe pour l'œsophage, modifiée par Cloquet, à point d'arrêt	1	7 00	4 80	7 00	4 80
6. Sondes œsophagiennes et leurs mandrins	4	2 00	1 50	8 00	5 00
7. Tige de Willis, en baleine, porte-éponge	1	3 00	2 50	3 00	2 50
La boîte vide	....	25 00	18 00	25 00	18 00
	10	....	....	118 00	88 80
1. Curettes articulées, droite et courbe, de Leroy, modifiées	2	10 00	7 00	20 00	14 00
2. Filière métrique à trente trous	1	4 00	2 70	4 00	2 70
3. Pince droite de Hunter	1	10 00	7 00	10 00	7 00
4. Pince urétrale à trois branches	1	10 00	7 00	10 00	7 00
5. Porte-caustique de Ducamp	2	15 00	12 00	30 00	24 00
6. Porte-caustique courbe de Lallemand, en argent, sans soudure	2	16 00	10 00	32 00	20 00
7. Porte-caustique droit de Lallemand, en argent, sans soudure	2	14 00	10 00	28 00	20 00
8. Scarificateur d'Amussat, avec deux olives de rechange	1	25 00	16 00	25 00	16 00
9. Scarificateur de Bégin, avec une lame de rechange	1	20 00	14 00	20 00	14 00
10. Seringue à hydrocèle, en maillechort	1	24 00	15 00	24 00	15 00
11. Serre-nœud et deux aiguilles, de Ricord, pour varicocèle	1	14 00	10 00	14 00	10 00
12. Sondes en argent, à courbure ordinaire	4	6 00	4 50	24 00	18 00
A reporter	19	....	....	241 00	167 70

NUMÉROS D'ORDRE par unité simple ou collective.	DÉNOMINATION ET CLASSIFICATION DES MATIÈRES			PRIX DU TARIF AU CLASSEMENT.	
	PAR UNITÉ PRINCIPALE, simple ou collective.	UNITÉ réglementaire.	PAR ESPÈCE D'OBJETS.	Neuf.	En service.
				fr. c.	fr. c.
206 (Suite.)	Boîtes réglementaires d'instruments de chirurgie, complètes............ (Suite.)	Nombre.	10. Boîte n° 10. Maladies des voies urinaires........ (Suite.)	349 00	240 7
			11. Boîte n° 11. Rétrécissements de l'urètre.........	35 00	26 0
			12. Boîte n° 12. Maladies de l'urètre.............	97 00	72 0
			13. Boîte n° 13. Taille......................	210 00	141 3

COMPOSITION DES BOÎTES D'INSTRUMENTS DE CHIRURGIE.	NOMBRE D'INSTRUMENTS contenus dans chaque boîte.	PRIX AU CLASSEMENT. Neuf.	PRIX AU CLASSEMENT. En service.	MONTANT AU CLASSEMENT. Neuf.	MONTANT AU CLASSEMENT. En service.
		fr. c.	fr. c.	fr. c.	fr. c.
Report	19	....	....	241 00	167 70
13. Sondes en argent, à courbure brusque	2	6 00	4 50	12 00	9 00
14. Sondes droites en argent	2	6 00	4 50	12 00	9 00
15. Sonde à double courant, avec les tubes accessoires	1	36 00	25 00	36 00	25 00
16. Sondes de Mayor	4	1 50	1 00	6 00	4 00
17. Trois-quarts courbe, pour la ponction de la vessie	1	9 00	6 00	9 00	6 00
La boîte vide	"	33 00	20 00	33 00	20 00
	29	....	....	349 00	240 70
1. Bougies de Béniqué, en étain	16	1 25	1 00	20 00	16 00
La boîte vide	"	15 00	10 00	15 00	10 00
	16	....	....	35 00	26 00
1. Pince droite de Hunter	1	10 00	8 00	10 00	8 00
2. Porte-caustique courbe de Lallemand, en argent, sans soudure	1	16 00	14 00	16 00	14 00
3. Porte-caustique droit de Lallemand, en argent, sans soudure	1	14 00	12 00	14 00	12 00
4. Scarificateur d'Amussat, avec deux olives de rechange	1	25 00	16 00	25 00	16 00
5. Scarificateur de Bégin, avec une lame de rechange	1	20 00	14 00	20 00	14 00
La boîte vide	"	12 00	8 00	12 00	8 00
	5	....	....	97 00	72 00
1. Bistouri aponévrotome de Belmas	1	7 00	4 80	7 00	4 80
2. Bistouri fixe de Dupuytren	1	3 00	2 00	3 00	2 00
3. Bouton à crête et à curette	1	5 00	3 00	5 00	3 00
4. Canule à chemise, de Dupuytren, en maillechort	1	4 00	2 70	4 00	2 70
5. Canule en gomme élastique, d'Amussat	1	2 00	1 20	2 00	1 20
6. Canule à jet unique et à arrosoir s'ajustant sur la seringue, en maillechort	1	8 00	5 00	8 00	5 00
7. Cathéters assortis	4	3 00	2 00	12 00	8 00
A reporter	10	....	....	41 00	26 70

NUMÉROS D'ORDRE par unité simple ou collective.	DÉNOMINATION ET CLASSIFICATION DES MATIÈRES			PRIX DU TARIF AU CLASSEMENT.	
	PAR UNITÉ PRINCIPALE, simple ou collective.	UNITÉ réglementaire.	PAR ESPÈCE D'OBJETS.	Neuf.	En service.
				fr. c.	fr. c.
			13. Boite n° 13. Taille........................ (Suite.)	210 00	141 30
206 (Suite.)	Boîtes réglementaires d'instruments de chirurgie, complètes............ (Suite.)	Nombre.			
			14. Boite n° 14. Lithotritie.....................	244 00	157 00
			15. Boite n° 15. Resections....................	430 00	251 00

COMPOSITION DES BOÎTES D'INSTRUMENTS DE CHIRURGIE.	NOMBRE D'INSTRUMENTS contenus dans chaque boîte.	PRIX AU CLASSEMENT.		MONTANT AU CLASSEMENT.	
		Neuf.	En service.	Neuf.	En service.
		fr. c.	fr. c.	fr. c.	fr. c.
Report	10	....	....	41 00	26 70
8. Gorgeret conducteur	1	3 00	2 00	3 00	2 00
9. Gorgeret suspenseur de Belmas	1	7 00	4 80	7 00	4 80
10. Lithotome double de Dupuytren	1	45 00	30 00	45 00	30 00
11. Lithotome simple de frère Côme	1	19 00	15 00	19 00	15 00
12. Pince compressive de Dupuytren	1	5 00	3 00	5 00	3 00
13. Sonde à dard de Belmas, en maillechort	1	15 00	10 00	15 00	10 00
14. Tenettes à forceps, à clou latéral	1	10 00	7 00	10 00	7 00
15. Tenettes courbes à tenon rivé carré	1	7 00	4 80	7 00	4 80
16. Tenettes droites assorties à tenon rivé carré	3	6 00	4 00	18 00	12 00
La boîte vide	//	40 00	26 00	40 00	26 00
	21	....	....	210 00	141 00
1. Brise-pierre à écrou brisé, n° 1 1/2	1	45 00	28 00	45 00	28 00
2. Brise-pierre de Heurteloup, à pignon	2	40 00	26 00	80 00	52 00
3. Étau-support à main, d'Amussat	1	18 00	12 00	18 00	12 00
4. Instrument de Jacobson	1	35 00	24 00	35 00	24 00
5. Marteau	1	6 00	4 00	6 00	4 00
6. Sondes à robinet s'ajustant sur la seringue à hydrocèle, en maillechort	2	8 00	4 00	16 00	8 00
7. Sonde évacuatrice à entonnoir, de Leroy	1	20 00	14 00	20 00	14 00
La boîte vide	//	24 00	15 00	24 00	15 00
	9	....	....	244 00	157 00
1. Scie à chaîne, avec étau et aiguilles en argent	2	23 00	16 00	46 00	32 00
2. Scie à molettes de Charrière (2 molettes)	1	100 00	70 00	100 00	70 00
3. Scie ostéotome de Heyne	1	250 00	125 00	250 00	125 00
4. Scie de H. Larrey, dont une courbe	2	4 00	3 00	8 00	6 00
La boîte vide	//	26 00	18 00	26 00	18 00
	6	....	....	430 00	251 00

NUMÉROS D'ORDRE par unité simple ou collective.	DÉNOMINATION ET CLASSIFICATION DES MATIÈRES			PRIX DU TARIF au CLASSEMENT.	
	PAR UNITÉ PRINCIPALE, simple ou collective.	UNITÉ réglementaire.	PAR ESPÈCE D'OBJETS.	Neuf.	En service.
				fr. c.	fr. c.
206 (Suite.)	Boites réglementaires d'instruments de chirurgie, complètes .... (Suite.)	Nombre.	16. Boite n° 16. Instruments divers..............	....	....

COMPOSITION DES BOÎTES D'INSTRUMENTS DE CHIRURGIE.	NOMBRE D'INSTRUMENTS contenus dans chaque boîte.	PRIX AU CLASSEMENT.		MONTANT AU CLASSEMENT.	
		Neuf.	En service.	Neuf.	En service.
		fr. c.	fr. c.	fr. c.	fr. c.
1. Aiguilles à sutures	8	0 25	0 10	2 00	0 80
2. Aiguilles d'A. Cooper	1	2 50	1 60	2 50	1 60
3. Aiguilles de Deschamps	1	3 00	2 00	3 00	2 00
4. Amygdalotome, avec lame de rechange	1	2 00	14 00	28 00	14 00
5. Bistouris assortis, en corne de buffle, à coulant, de Larrey	10	2 75	1 80	27 50	18 00
6. Bistouri courbe, tranchant sur sa convexité, de Dupuytren	1	4 00	2 50	4 00	2 50
7. Bistouri de Pott, modifié par Cooper	1	4 00	2 50	4 00	2 50
8. Bistouri long et boutonné de Blandin, à coulant, de Larrey	1	4 00	2 50	4 00	2 50
9. Cisaille coudée et à tenon rivé carré	1	14 00	10 00	14 00	10 00
10. Ciseaux-burins de deux largeurs	2	2 00	1 50	4 00	3 00
11. Ciseaux pour le bec-de-lièvre, mousse des deux bouts	1	6 00	4 00	6 00	4 00
12. Constricteur moyen	1	8 00	6 00	8 00	6 00
13. Couteaux-bistouris à cartilages, forts	2	3 00	2 00	6 00	4 00
14. Crochets pour écarter le bord des plaies	4	1 50	1 00	6 00	4 00
15. Écraseur linéaire de Chassaignac, à vis de rappel	1	30 00	25 00	30 00	25 00
16. Élévatoire	1	2 00	1 50	2 00	1 50
17. Entérotome de Dupuytren	1	12 00	8 00	12 00	8 00
18. Érignes doubles, à manche	2	4 00	2 70	8 00	5 40
19. Érignes simples, à manche	2	3 00	2 00	6 00	4 00
20. Gorgeret en ébène	1	2 00	1 30	2 00	1 30
21. Gouge	1	2 00	1 30	2 00	1 30
22. Lime à manche en ébène	1	7 00	4 80	7 00	4 80
23. Maillet de plomb	1	6 00	4 00	6 00	4 00
24. Pinces à griffes	2	3 00	2 00	6 00	4 00
25. Pinces à ligatures, porte-épingles	3	2 50	1 60	7 50	4 80
26. Pinces à polype, droite et courbe, à tenon et à point d'arrêt	2	5 00	3 00	10 00	6 00
27. Pinces à torsion, à verrou démontant	2	6 00	4 00	12 00	8 00
28. Pinces de Museux, droite et courbe, grandes, à tenon et à point d'arrêt	2	6 00	4 00	12 00	8 00
29. *Idem* moyennes, *idem*	2	5 00	3 00	10 00	6 00
30. Pince incisive modifiée	1	8 00	6 00	8 00	6 00
31. Porte-ligature de Charrière	1	12 00	10 00	12 00	10 00
32. Scie à dos mobile, de Charrière, petite	1	6 00	4 00	6 00	4 00
33. Scie à phalanges (tournante)	1	15 00	10 00	15 00	10 00
A reporter	63	....	....	293 50	197 00

NUMÉROS D'ORDRE par unité simple ou collective.	DÉNOMINATION ET CLASSIFICATION DES MATIÈRES			PRIX DU TARIF au CLASSEMENT.	
	PAR UNITÉ PRINCIPALE, simple ou collective.	UNITÉ réglementaire.	PAR ESPÈCE D'OBJETS.	Neuf.	En service.
				fr. c.	fr. c.
206 (Suite.)	Boîtes réglementaires d'instruments de chirurgie, complètes............ (Suite.)	Nombre.	16. Boite n° 16. Instruments divers.............. (Suite.)	436 20	300 50
			17. Boite n° 17. Resection des os................	101 00	69 20

COMPOSITION DES BOÎTES D'INSTRUMENTS DE CHIRURGIE.	NOMBRE D'INSTRUMENTS contenus dans chaque boîte.	PRIX AU CLASSEMENT.		MONTANT AU CLASSEMENT.	
		Neuf.	En service.	Neuf.	En service.
		fr. c.	fr. c.	fr. c.	fr. c.
Report	63	....	....	293 50	197 00
34. Scie d'H. Larrey	1	4 00	3 00	4 00	3 00
35. Scie en crête de coq	1	6 00	5 00	6 00	5 00
36. Serre-nœud de Desault	2	3 00	2 00	6 00	4 00
37. Serre-nœud à vis et à pression continue	1	6 00	4 00	6 00	4 00
38. Serre-fines assorties, en argent	12	0 60	0 50	7 20	6 00
39. Sondes cannelées, en argent, avec et sans cul-de-sac	2	4 00	3 00	8 00	6 00
40. Sonde de Belloc, modifiée, en argent	1	8 00	6 00	8 00	6 00
41. Sonde cannelée à stylet de Larrey, en argent	1	10 00	8 00	10 00	8 00
42. Sonde de femme, en argent, pesant 10 grammes	1	2 50	2 00	2 50	2 00
43. Spéculum ani-brisé, en maillechort, trois valves	1	12 00	8 00	12 00	8 00
44. Spéculum ani-simple, en étain, pour le rectum	1	3 00	2 00	3 00	2 00
45. Stylets assortis, en argent	3	1 50	1 00	4 50	3 00
46. Tenaculum	1	3 00	1 50	3 00	1 50
47. Trois-quarts à paracenthèse, à canule d'argent	1	6 00	5 00	6 00	5 00
48. Trois-quarts explorateur, *idem*	1	2 50	1 00	2 50	1 00
49. Trois-quarts gros, à robinet, *idem*	1	15 00	10 00	15 00	10 00
50. Trois-quarts à hydrocèle, *idem*	1	5 00	4 00	5 00	4 00
La boîte vide	....	35 00	25 00	35 00	25 00
	95	....	....	436 20	300 50
1. Bistouri à cartilages, fort	1	3 00	2 00	3 00	2 00
2. Cisaille coudée, à tenon rivé carré	1	14 00	10 00	14 00	10 00
3. Ciseaux-burins de deux largeurs	2	2 00	1 40	4 00	2 80
4. Gouge	1	2 00	1 40	2 00	1 40
5. Maillet de plomb	1	6 00	4 00	6 00	4 00
6. Pince incisive, modifiée	1	6 00	4 00	6 00	4 00
7. Scie à chaîne, avec étau et aiguilles en argent	1	23 00	16 00	23 00	16 00
8. Scie à phalanges, tournante	1	15 00	10 00	15 00	10 00
9. Scie d'H. Larrey	1	4 00	3 00	4 00	3 00
10. Scie en crête-de-coq	1	6 00	4 00	6 00	4 00
La boîte vide	....	18 00	12 00	18 00	12 00
	11	....	....	101 00	69 20

NUMÉROS D'ORDRE par unité simple ou collective.	DÉNOMINATION ET CLASSIFICATION DES MATIÈRES.			PRIX DU TARIF AU CLASSEMENT.	
	PAR UNITÉ PRINCIPALE, simple ou collective.	UNITÉ réglementaire.	PAR ESPÈCE D'OBJETS.	Neuf.	En service.
				fr. c.	fr. c.
206 (Suite.)	Boites réglementaires d'instruments de chirurgie, complètes............ (Suite.)	Nombre..	18. Boite n° 18. Cautères..........................	53 50	36 00
			19. Boite n° 19. Compresseurs et moufles..........	297 80	200 20
			20. Boite n° 20. Compression et ligature des artères...	96 00	61 00

COMPOSITION DES BOÎTES D'INSTRUMENTS DE CHIRURGIE.	NOMBRE D'INSTRUMENTS contenus dans chaque boîte.	PRIX AU CLASSEMENT. Neuf.	PRIX AU CLASSEMENT. En service.	MONTANT AU CLASSEMENT. Neuf.	MONTANT AU CLASSEMENT. En service.
		fr. c.	fr. c.	fr. c.	fr. c.
1. Cautère conique	1	2 50	2 00	2 50	2 00
2. Cautère cultellaire	1	2 50	2 00	2 50	2 00
3. Cautère en roseau	1	2 50	2 09	2 50	2 00
4. Cautère nummulaire	1	2 50	2 00	2 50	2 00
5. Cautère olivaire	1	2 50	2 00	2 50	2 00
6. Chalumeau de Larrey, à trois bouts	1	6 00	4 00	6 00	4 00
7. Manche à cautères	2	5 00	3 00	10 00	6 00
8. Porte-moxa de Larrey, avec fourneau de rechange	1	10 00	6 00	10 00	6 00
La boîte vide	....	15 00	10 00	15 00	10 00
	9	....	....	53 50	36 00
1. Appareil à mouffles.	1			162 80	109 20
Bâtons pour la corde des mouffles	2	1 00	0 60	2 00	1 20
Brassard muni de deux anneaux et de trois boucles	1	15 00	10 00	15 00	10 00
Idem plus petit	1	15 00	10 00	15 00	10 00
Ceinture de corps, munie de deux anneaux, grande	1	18 00	12 00	18 00	12 00
Idem petite	1	15 00	10 00	15 00	10 00
Cuissard muni de trois boucles et deux anneaux, grand	1	18 00	12 00	18 00	12 00
Idem petit	1	15 00	10 00	15 00	10 00
Cordes assorties de longueur et de force	20	0 59	0 40	11 80	8 00
Crochets en S assortis	12	1 50	1 00	18 00	12 00
Paire de mouffles avec ses cordes	1	35 00	24 00	35 00	24 00
2. Dynamomètre de Sédillot	1	75 00	50 00	75 00	50 00
3. Mètre, mesure roulante, en cuivre	1	2 00	1 00	2 00	1 00
4. Pince pour réduire les luxations du pouce et du gros orteil, avec pièce en cuir de rechange	1	15 00	10 00	15 00	10 00
La boîte vide	....	43 00	30 00	43 00	30 00
	4	....	....	297 80	200 20
1. Compresseur à pression continue, modèle Charrière	2	12 00	8 00	24 00	16 00
2. Compresseur de Dupuytren, grand	1	45 00	30 00	45 00	30 00
La boîte vide	....	27 00	15 00	27 00	15 00
	3	....	....	96 00	61 00

NUMÉROS D'ORDRE par unité simple ou collective.	DÉNOMINATION ET CLASSIFICATION DES MATIÈRES			PRIX DU TARIF AU CLASSEMENT.	
	PAR UNITÉ PRINCIPALE, simple ou collective.	UNITÉ réglementaire.	PAR ESPÈCE D'OBJETS.	Neuf.	En service.
				fr. c.	fr. c.
			21. Boîte n° 21. Préparation des vaisseaux lymphatiques	64 00	44 00
206 (Suite.)	Boîtes réglementaires d'instruments de chirurgie, complètes............ (Suite.)	Nombre..	22. Boîte n° 22. Autopsies......................	138 50	89 70
			23. Boîte n° 23. Injections cadavériques...........	70 00	50 00

COMPOSITION DES BOÎTES D'INSTRUMENTS DE CHIRURGIE.	NOMBRE D'INSTRUMENTS contenus dans chaque boîte.	PRIX AU CLASSEMENT.		MONTANT AU CLASSEMENT.	
		Neuf.	En service.	Neuf.	En service.
		fr. c.	fr. c.	fr. c.	fr. c.
1. Appareil pour la préparation des vaisseaux lymphatiques, deux tubes en verre, un tuyau en caoutchouc et six canules	1	40 00	30 00	40 00	30 00
2. Ciseaux droits, à tenon rivé carré	1	2 50	1 00	2 50	1 00
3. Pince fine	1	2 50	1 00	2 50	1 00
4. Scalpels fins	2	2 50	1 00	5 00	2 00
La boîte vide	....	14 00	10 00	14 00	10 00
	5	....	....	64 00	44 00
1. Bistouris assortis, à coulant, de Larrey	6	2 75	1 80	16 50	10 80
2. Chalumeau à robinet et à bouts, droit et courbe	1	6 00	4 00	6 00	4 00
3. Cisaille coudée, à tenon rivé carré	1	14 00	10 00	14 00	10 00
4. Ciseaux droits, forts, à tenon rivé carré	1	3 50	2 40	3 50	2 40
5. Ciseaux droits, moyens, à tenon rivé carré	1	2 50	1 00	2 50	1 00
6. Ciseaux entérotomes, à tenon rivé carré	1	5 00	4 00	5 00	4 00
7. Couteaux droits et convexes, forts	2	3 00	2 00	6 00	4 00
8. Érignes à manche, simple et double	2	4 00	2 70	8 00	5 40
9. Levier à manche	1	4 00	2 70	4 00	2 70
10. Marteau d'acier et à crochet	1	7 00	5 00	7 00	5 00
11. Pinces à disséquer, dont une grande	2	4 00	2 70	8 00	5 40
12. Rugine à cinq tranchants	1	2 50	1 00	2 50	1 00
13. Scalpels, droit et convexe, forts	2	2 50	1 00	5 00	2 00
14. Scie à dos mobile, grande	1	8 00	5 00	8 00	5 00
15. Scie rachitome, double	1	16 00	11 00	16 00	11 00
16. Sonde cannelée, longue	1	1 50	1 00	1 50	1 00
La boîte vide	....	25 00	15 00	25 00	15 00
	25	....	....	138 50	89 70
1. Seringue à injection, en cuivre, piston à double parachute, deux robinets, deux poignées et six canules assorties	1	50 00	35 00	50 00	35 00
La boîte vide	....	20 00	15 00	20 00	15 00
	1	....	....	70 00	50 00

NUMÉROS D'ORDRE par unité simple ou collective.	DÉNOMINATION ET CLASSIFICATION DES MATIÈRES			PRIX DU TARIF au CLASSEMENT.	
	PAR UNITÉ PRINCIPALE, simple ou collective.	UNITÉ réglementaire.	PAR ESPÈCE D'OBJETS.	Neuf.	En service
				fr. c.	fr.
			24. Boîte n° 24. Opérations diverses, excision des amygdales, extraction des corps étrangers de l'œsophage, hernie étranglée, fistules à l'anus, cautérisation, moxibustion, ponction	122 00	83
206 (Suite.)	Boîtes réglementaires d'instruments de chirurgie, complètes	Nombre.			
			25. Boîte n° 25. Préparations anatomiques	......	......

COMPOSITION DES BOÎTES D'INSTRUMENTS DE CHIRURGIE.	NOMBRE D'INSTRUMENTS contenus dans chaque boîte.	PRIX AU CLASSEMENT.		MONTANT AU CLASSEMENT.	
		Neuf.	En service.	Neuf.	En service.
		fr. c.	fr. c.	fr. c.	fr. c.
1. Bistouri courbe de Cooper, à coulant, de Larrey	1	4 00	3 00	4 00	3 00
2. Bistouri long et mousse, à coulant, de Larrey	1	4 00	3 00	4 00	3 00
3. Cautère en roseau	1	2 50	1 50	2 50	1 50
4. Cautère olivaire	1	2 50	1 50	2 50	1 50
5. Chalumeau à deux bouts, de Larrey	1	6 00	4 00	6 00	4 00
6. Crochet œsophagien de Bégin, simple	1	10 00	7 00	10 00	7 00
7. Gorgeret en ébène	1	2 00	1 40	2 00	1 40
8. Manche à cautère	1	5 00	3 00	5 00	3 00
9. Pince de Museux pour la rescision des amygdales, à tenon et à point d'arrêt	1	4 00	2 70	4 00	2 70
10. Pince courbe pour l'œsophage, modifiée par Cloquet, à point d'arrêt	1	7 00	5 00	7 00	5 00
11. Porte-moxa de Larrey, avec un réchaud de rechange	1	5 00	3 00	5 00	3 00
12. Seringue à hydrocèle, en maillechort	1	24 00	16 00	24 00	16 00
13. Sonde cannelée à stylet, de Larrey, en argent	1	10 00	7 00	10 00	7 00
14. Sonde cannelée, sans cul-de-sac, en argent	1	4 00	3 00	4 00	3 00
15. Trois-quarts à paracenthèse, canule en argent	1	6 00	4 00	6 00	4 00
16. Trois-quarts à hydrocèle, *idem*	1	5 00	3 00	5 00	3 00
La boîte vide	....	21 00	15 00	21 00	15 00
	16	....	....	122 00	83 10
1. Aiguilles à sutures	4	0 25	0 15	1 00	0 60
2. Aiguille de Deschamps	1	3 00	2 00	3 00	2 00
3. Chalumeau à robinet, à bout droit et courbe	1	6 00	4 00	6 00	4 00
4. Cisaille coudée, à tenon rivé carré	1	14 00	10 00	14 00	10 00
5. Ciseaux-burins assortis	6	2 00	1 50	12 00	9 00
6. Ciseaux droits, forts, à tenon rivé carré	2	3 50	3 00	7 00	6 00
7. Ciseaux droits, moyens, *idem*	6	2 50	2 00	15 00	12 00
8. Ciseaux droits, petits, *idem*	3	2 50	2 00	7 50	6 00
9. Ciseaux entérotomes	1	5 00	3 00	5 00	3 00
10. Costotome	1	10 00	8 00	10 00	8 00
11. Couteaux à amputation, de trois grandeurs	4	3 50	3 00	14 00	12 00
12. Couteau très-mince pour couper des lamelles de cerveau	1	4 00	3 00	4 00	3 00
13. Érignes à chaîne	6	1 00	0 50	6 00	3 00
A reporter	37	....	....	104 50	78 60

NUMÉROS D'ORDRE par unité simple ou collective.	DÉNOMINATION ET CLASSIFICATION DES MATIÈRES			PRIX DU TARIF AU CLASSEMENT.	
	PAR UNITÉ PRINCIPALE, simple ou collective.	UNITÉ réglementaire.	PAR ESPÈCE D'OBJETS.	Neuf.	En service.
				fr. c.	fr. c.
			25. Boîte n° 25. Préparations anatomiques.......... (Suite.)	352 50	246 50
206 (Suite.)	Boites réglementaires d'instruments de chirurgie, complètes............. (Suite.)	Nombre..			
			26. Boîte n° 26. Ténotomie.......................	....	....

COMPOSITION DES BOÎTES D'INSTRUMENTS DE CHIRURGIE.	NOMBRE D'INSTRUMENTS contenus dans chaque boîte.	PRIX AU CLASSEMENT.		MONTANT AU CLASSEMENT.	
		Neuf.	En service.	Neuf.	En service.
		fr. c.	fr. c.	fr. c.	fr. c.
Report.	37	....	....	104 50	78 60
14. Érignes à manche	2	2 50	1 50	5 00	3 00
15. *Idem*.......... de plus petite dimension	2	2 00	1 30	4 00	2 60
16. Gouges	2	2 00	1 30	4 00	2 60
17. Levier à manche	1	1 50	1 00	1 50	1 00
18. Limes assorties et deux manches	12	1 25	1 00	15 00	12 00
19. Loupe	1	6 00	5 00	6 00	5 00
20. Maillet	1	7 00	3 00	7 00	3 00
21. Marteau d'acier à crochet	1	7 00	5 00	7 00	5 00
22. Périostotome	2	2 50	1 60	5 00	3 20
23. Pinces à dissection, petites	3	2 00	1 40	6 00	4 20
24. *Idem*........... moyennes	4	2 00	1 40	8 00	5 60
25. *Idem*........... grandes	2	4 00	2 70	8 00	5 40
26. Pince incisive modifiée	1	3 00	2 00	3 00	2 00
27. Porte-pierre en argent, étui en corne	1	2 00	1 50	2 00	1 50
28. Rachitome double	1	15 00	10 00	15 00	10 00
29. Rachitome simple d'Amussat	1	5 00	3 00	5 00	3 00
30. Rugines de deux grandeurs	6	3 00	2 00	18 00	12 00
31. Scalpels fins	6	1 00	0 50	6 00	3 00
32. Scalpels forts	4	2 50	1 70	10 00	6 80
33. Scalpels ordinaires	30	1 00	0 50	30 00	15 00
34. Scies à dos mobile, de deux grandeurs	2	9 00	7 00	18 00	14 00
35. Scie à onze lames, petite	1	15 00	12 00	15 00	12 00
36. Scie d'H. Larrey	1	4 00	3 00	4 00	3 00
37. Sonde cannelée, longue	1	1 50	1 00	1 50	1 00
38. Stylets fins, dont deux en baleine	4	1 00	0 50	4 00	2 00
La boîte vide	»	40 00	30 00	40 00	30 00
	129	....	....	352 50	246 50
1. Abaisseur des paupières, de Philips	1	3 50	2 40	3 50	2 40
2. Bistouris à deux tranchants de Jules Guérin	2	3 00	2 00	6 00	4 00
3. *Idem*.............. courbes sur le plat	1	3 00	2 00	3 00	2 00
4. Ciseaux courbe et droit	2	2 75	2 00	5 50	4 00
A reporter	6	....	....	18 00	12 40

NUMÉROS D'ORDRE par unité simple ou collective.	DÉNOMINATION ET CLASSIFICATION DES MATIÈRES			PRIX DU TARIF AU CLASSEMENT.	
	PAR UNITÉ PRINCIPALE, simple ou collective.	UNITÉ réglementaire.	PAR ESPÈCE D'OBJETS.	Neuf.	En service.
				fr. c.	fr. c.
206 (Suite.)	Boites réglementaires d'instruments de chirurgie, complètes............. (Suite.)	Nombre..	26. Boîte n° 26. Ténotomie..................... (Suite.)	138 00	96 90
			27. Boîte n° 27. Accouchements.................. (Spéciale aux hôpitaux de l'Algérie.)	......	......

COMPOSITION DES BOÎTES D'INSTRUMENTS DE CHIRURGIE.	NOMBRE d'instruments contenus dans chaque boîte.	PRIX AU CLASSEMENT. Neuf.	PRIX AU CLASSEMENT. En service.	MONTANT AU CLASSEMENT. Neuf.	MONTANT AU CLASSEMENT. En service.
		fr. c.	fr. c.	fr. c.	fr. c.
Report	6	....	....	18 00	12 40
5. Crochet dilatateur de Boyer	1	7 00	5 00	7 00	5 00
6. Crochet mousse, simple	1	2 50	1 40	2 50	1 40
7. Crochet mousse, grande courbure	1	3 00	2 00	3 00	2 00
8. Érignes doubles de Guérin	2	3 00	2 00	6 00	4 00
9. Érignes simples (une de Philips et une de Jobert)	2	2 50	1 40	5 00	2 80
10. Myotomes courbes et boutonnés, de Baudens	2	5 00	4 00	10 00	8 00
11. Myotomes pointus, droit et gauche de Baudens	2	5 00	4 00	10 00	8 00
12. Pince à griffes, à ressort	1	4 00	3 00	4 00	3 00
13. Pince à griffes	2	3 00	2 00	6 00	4 00
14. Releveur des paupières, en acier, de Philips	1	3 50	2 50	3 50	2 50
15. *Idem* .... de Pellier	1	5 00	4 00	5 00	4 00
16. Sonde cannelée à dard	1	2 50	1 40	2 50	1 40
17. Ténotomes de Jules Guérin, dont un pointu et un mousse	2	4 00	3 00	8 00	6 00
18. Ténotome ordinaire	1	2 50	1 40	2 50	1 40
19. Ténotome concave de Philips	1	4 00	3 00	4 00	3 00
20. Ténotomes mousses, droits, de Guérin et de Bouvier	2	3 00	2 00	6 00	4 00
21. Ténotomes de Duval, droit et courbe	2	3 50	2 50	7 00	5 00
22. Ténotomes convexes	2	3 00	2 00	6 00	4 00
La boîte vide	"	22 00	15 00	22 00	15 00
	33	....	....	138 00	96 90
1. Canules doubles à trachéotomie, en argent	2	12 00	10 00	24 00	20 00
2. Cautère en roseau	1	2 50	1 70	2 50	1 70
3. Cautère à boule	1	2 50	1 70	2 50	1 70
4. Céphalotribe	1	40 00	30 00	40 00	30 00
5. Ciseaux utérins, à tenon	1	8 00	6 00	8 00	6 00
6. Compas de Baudelocque	1	15 00	10 00	15 00	10 00
7. Forceps	1	22 00	18 00	22 00	18 00
8. Levier de Baudelocque	1	10 00	8 00	10 00	8 00
9. Manche à cautère	1	5 00	3 00	5 00	3 00
10. Perce-crâne à bascule, nouveau modèle	1	14 00	10 00	14 00	10 00
11. Pince à érigne, à tenon et à point d'arrêt	1	5 00	3 00	5 00	3 00
A reporter	12	....	....	148 00	111 40

NUMÉROS D'ORDRE par unité simple ou collective.	DÉNOMINATION ET CLASSIFICATION DES MATIÈRES.			PRIX DU TARIF AU CLASSEMENT.	
	PAR UNITÉ PRINCIPALE, simple ou collective.	UNITÉ réglementaire.	PAR ESPÈCE D'OBJETS.	Neuf.	En service.
				fr. c.	fr. c.
206 (Suite.)	Boites réglementaires d'instruments de chirurgie, complètes............ (Suite.)	Nombre..	27. Boite n° 27. Accouchements.... .... (Spéciale aux hôpitaux de l'Algérie.) (Suite.)	219 50	166 40
			28. Boite n° 28. Secours aux asphyxiés........... (Spéciale aux cours d'enseignement.)	......	......

COMPOSITION DES BOÎTES D'INSTRUMENTS DE CHIRURGIE.	NOMBRE D'INSTRUMENTS contenus dans chaque boite.	PRIX AU CLASSEMENT. Neuf.	PRIX AU CLASSEMENT. En service.	MONTANT AU CLASSEMENT. Neuf.	MONTANT AU CLASSEMENT. En service.
		fr. c.	fr. c.	fr. c.	fr. c.
Report	12	....	....	148 00	111 40
12. Pince de Levret, modifiée par Cloquet, à tenon et à point d'arrêt	1	10 00	8 00	10 00	8 00
13. Serres-fines, grosses, pour le périnée	6	0 75	0 50	4 50	3 00
14. Speculum vaginal, à 3 valves	1	12 00	10 00	12 00	10 00
15. Tube laryngien, en argent	1	5 00	4 00	5 00	4 00
La boite vide	"	40 00	30 00	40 00	30 00
	21	....	....	219 50	166 40
1. Aiguille pour dégorger les canules terminées par un bouton	1	0 25	0 15	0 25	0 15
2. Baillon en bois	1	0 50	0 25	0 50	0 25
3. Bandage à six chefs croisés	1	10 00	8 00	10 00	8 00
4. Bassinoire en cuivre	1	8 00	6 00	8 00	6 00
5. Biberon d'étain	1	2 25	1 50	2 25	1 50
6. Boîte contenant 120 grammes d'espèces aromatiques (fleurs de lavande et feuilles de sauge : de chaque, 60 grammes ; poudre de résine de benjoin, 15 grammes	1	1 75	1 00	1 75	1 00
7. Bouteille couverte d'osier, contenant de l'eau-de-vie camphrée	1	3 50	2 00	3 50	2 00
8. Briquet à frottement avec allumettes	1	0 50	0 25	0 50	0 25
9. Brosse à rouleau pour faire les frictions	1	2 75	1 50	2 75	1 50
10. Canule à narines	1	2 50	1 20	2 50	1 20
11. Canule élastique	1	2 00	1 50	2 00	1 50
12. Canule plongeante	1	0 75	0 50	0 75	0 50
13. Canule pour lavement	1	1 50	1 00	1 50	1 00
14. Ciseaux de 16 centimètres de long, à pointe mousse, pour couper les vêtements (la paire)	1	2 00	1 50	2 00	1 50
15. Cuiller étamée	1	0 50	0 25	0 50	0 25
16. Double levier à bascule pour tenir la bouche ouverte	1	8 00	6 00	8 00	6 00
17. Double levier en bois pour commencer à ouvrir la bouche	1	0 75	0 50	0 75	0 50
18. Flacon contenant de l'eau de mélisse	1	0 75	0 50	0 75	0 50
19. Flacon d'huile de pied de bœuf	1	1 00	0 50	1 00	0 50
20. Gobelet d'étain	1	1 50	1 00	1 50	1 00
21. Lancette avec étui	2	1 00	0 75	2 00	1 50
22. Lampe à esprit-de-vin	1	8 50	6 00	8 50	6 00
23. Moufles ou gants en crin pour frictions	2	2 00	1 00	4 00	2 00
24. Paquet d'amadou pour mettre le feu aux aromates	1	0 15	"	0 15	"
A reporter	26	....	....	65 40	44 60

NUMÉROS D'ORDRE par unité simple ou collective.	DÉNOMINATION ET CLASSIFICATION DES MATIÈRES. PAR UNITÉ PRINCIPALE, simple ou collective.	UNITÉ réglementaire.	PAR ESPÈCE D'OBJETS.	PRIX DU TARIF AU CLASSEMENT. Neuf.	En service.
				fr. c.	fr. c.
106 (Suite.)	BOITES réglementaires d'instruments de chirurgie, complètes............ (Suite.)	Nombre.	28. Boîte n° 28. Secours aux asphyxiés............ (Spéciale aux cours d'enseignement.) (Suite.)	163 15	110 85
			29. Boîte n° 29. Pour les médecins stagiaires et les élèves de l'école de santé militaire de Strasbourg (modèle type).........................	75 50	48 50

COMPOSITION DES BOÎTES D'INSTRUMENTS DE CHIRURGIE.	NOMBRE D'INSTRUMENTS contenus dans chaque boîte.	PRIX AU CLASSEMENT.		MONTANT AU CLASSEMENT.	
		Neuf.	En service.	Neuf.	En service.
		fr. c.	fr. c.	fr. c.	fr. c.
Report	26	....	....	65 40	44 60
25. Paquet de plumes pour titiller la gorge	1	"	"	"	"
26. Peignoir en laine, avec bonnet	1	16 00	10 00	16 00	10 00
27. Petite boîte contenant de l'émétique	1	0 75	0 50	0 75	0 50
28. Pipe ou boîte à fumigations	1	6 50	5 00	6 50	5 00
29. Réservoir pour l'alcool	1	0 50	0 25	0 50	0 25
30. Sac à coussinet, renfermant deux bandes à saigner	1	1 75	1 00	1 75	1 00
31. Sachet en toile, contenant du soufre et du camphre	1	0 75	0 50	0 75	0 50
32. Seringues à double piston, à parachute, en étain (de Charrière)	2	13 00	10 00	26 00	20 00
33. Sonde œsophagienne, triple tissu	1	2 00	1 00	2 00	1 00
34. Tuyau avec canule fumigatoire que l'on visse au robinet de la seringue fumigatoire	1	3 00	2 00	3 00	2 00
35. Verre à ventouse	1	2 50	1 00	2 50	1 00
La boîte vide	"	38 00	25 00	38 00	25 00
	38	....	....	163 15	110 85
1. Aiguilles à sutures	2	0 25	0 15	0 50	0 30
2. Aiguille de Cooper, sans manche	1	1 75	0 75	1 75	0 75
3. Bistouri, pointe au milieu, avec manche en buffle (modèle Charrière)	1	2 00	0 90	2 00	0 90
4. Bistouri convexe (modèle Charrière)	1	2 00	0 90	2 00	0 90
5. Bistouri droit mousse (modèle Charrière)	1	2 00	0 90	2 00	0 90
6. Couteau à désarticulation de Larrey, pointe au milieu, poli ordin., de 0m,115	1	3 25	2 40	3 25	2 40
7. Couteau à amputation, pointe au milieu, de 0m,175	1	3 50	2 40	3 50	2 40
8. *Idem* de 0m,235 (manche démontant)	1	6 50	4 50	6 50	4 50
9. Crochets mousses	2	1 50	0 80	3 00	1 60
10. Épingles à sutures variées, le cent	25	1 00	0 75	0 25	0 15
11. Lames de bistouris pour résections	2	1 25	0 70	2 50	1 40
12. Pinces à artères, simples	1	1 50	0 80	1 50	0 80
13. Pince à verrou démontant (modèle Charrière)	1	6 00	4 00	6 00	4 00
14. Scie à amputation, manche démontant, avec 2 lames dont 1 étroite	1	18 00	12 00	18 00	12 00
15. Sonde cannelée, en argent	1	4 00	2 80	4 00	2 80
16. Stylet aiguillé, en argent	1	1 50	1 00	1 50	1 00
17. Tenaculum, sans manche	1	1 25	0 70	1 25	0 70
La boîte vide	"	16 00	11 00	16 00	11 00
	44	....	....	75 50	48 50

NUMÉROS D'ORDRE par unité simple ou collective.	DÉNOMINATION ET CLASSIFICATION DES MATIÈRES			PRIX DU TARIF au CLASSEMENT.	
	PAR UNITÉ PRINCIPALE, simple ou collective.	UNITÉ réglementaire.	PAR ESPÈCE D'OBJETS.	Neuf.	En service.
				fr. c.	fr. c.
206 (Suite.)	BOÎTES réglementaires d'instruments de chirurgie, complètes............ (Suite.)	Nombre.	30. Boite n° 30. Giberne et trousse garnie. (Modèle-type.)................................	98 75	72 25
			31. Boite n° 31. Pour les sacs et sacoches d'ambulance.	92 35	65 00

COMPOSITION DES BOÎTES D'INSTRUMENTS DE CHIRURGIE.	NOMBRE D'INSTRUMENTS contenus dans chaque boîte.	PRIX AU CLASSEMENT.		MONTANT AU CLASSEMENT.	
		Neuf.	En service.	Neuf.	En service.
		fr. c.	fr. c.	fr. c.	fr. c.
1. Aiguilles à sutures	4	0 25	15 00	1 00	0 60
2. Bistouri convexe (modèle Charrière)	1	3 00	2 50	3 00	2 50
3. Bistouri droit mousse, en corne noire (modèle Charrière)	1	3 00	2 50	3 00	2 50
4. Bistouri mousse ou boutonné (modèle Charrière)	1	3 00	2 50	3 00	2 50
5. Ciseaux courbes sur le plat, à tenon	1	3 00	2 50	3 00	2 50
6. Ciseaux droits à tenon	1	2 50	2 00	2 50	2 00
7. Lancettes, châsse en corne noire	4	1 00	0 60	4 00	2 40
8. Pince à artères	1	2 00	1 50	2 00	1 50
9. Pince à pansement croisée et à point d'arrêt (modèle Charrière)	1	3 00	2 00	3 00	2 00
10. Porte-mèche	1	0 50	0 25	0 50	0 25
11. Porte-pierre en argent, étui en corne	1	2 00	1 50	2 00	1 50
12. Rasoir, châsse en corne noire	1	3 00	2 50	3 00	2 50
13. Sonde cannelée ordinaire, en argent	1	4 00	3 50	4 00	3 50
14. Sonde pour homme et femme, en argent	1	10 00	8 00	10 00	8 00
15. Spatule trempée, en acier, nouvelle	1	1 75	1 00	1 75	1 00
16. Stylet aiguillé fin, en argent	1	1 50	1 00	1 50	1 00
17. Stylet en argent cannelé	1	1 50	1 00	1 50	1 00
La trousse vide, garnie de soie (modèle Charrière)	〃	12 00	10 00	12 00	10 00
Giberne renfermant le tout	〃	38 00	25 00	38 00	25 00
	23	....	....	98 75	72 25
1. Aiguilles à sutures	6	0 25	0 15	1 50	0 90
2. Bistouris, manche en corne (modèle Charrière)	2	3 00	2 50	6 00	5 00
3. Couteau à désarticulation de Larrey, de 0m,115, poli blanc	1	3 50	2 40	3 50	2 40
4. Couteau de 0m,175, poli blanc	1	3 50	2 40	3 50	2 40
5. Clef de Garengeot, avec 4 crochets	1	2 75	1 50	2 75	1 50
6. Crochet de Greef, articulé, avec éponge, 2 bouts	1	5 00	4 00	5 00	4 00
7. Ciseaux forts, coudés, de Vézien	1	6 50	5 00	6 50	5 00
8. Épingles disposées pour sutures (le cent)	50	0 50	0 30	0 25	0 15
9. Manche pour clef de Garengeot	1	1 25	0 80	1 25	0 80
À reporter	64	....	....	30 25	22 15

NUMÉROS D'ORDRE par unité simple ou collective.	DÉNOMINATION ET CLASSIFICATION DES MATIÈRES			PRIX DU TARIF au CLASSEMENT.	
	PAR UNITÉ PRINCIPALE, simple ou collective.	UNITÉ réglementaire.	PAR ESPÈCE D'OBJETS.	Neuf.	En service.
				fr. c.	fr. c.
			31. Boîte n° 31. Pour les sacs et sacoches d'ambulance. (Suite.)	92 35	65 00
206 (Suite.)	BOÎTES réglementaires d'instruments de chirurgie, complètes............. (Suite.)	Nombre.			
			32. Boîte n° 32. Trousse pour les infirmiers de visite..	14 25	10 50
			33. Boîte n° 33. Trousse à dissection pour les élèves de l'école de santé militaire de Strasbourg.......	16 50	10 95

COMPOSITION DES BOÎTES D'INSTRUMENTS DE CHIRURGIE.	NOMBRE D'INSTRUMENTS contenus dans chaque boîte.	PRIX AU CLASSEMENT.		MONTANT AU CLASSEMENT.	
		Neuf.	En service.	Neuf.	En service.
		fr. c.	fr. c.	fr. c.	fr. c.
Report	64	....	....	30 25	22 15
10. Pince tire-balle, à tenon, point d'arrêt	1	4 00	2 60	4 00	2 60
11. Pince à artères	1	1 50	1 00	1 50	1 00
12. Pince à torsion, à verrou démontant	1	6 00	4 00	6 00	4 00
13. Pelote compressive de Larrey	1	0 50	0 25	0 50	0 25
14. Serre-fines en argent	6	0 60	0 50	3 60	3 00
15. Scie avec lame de rechange	1	15 00	10 00	15 00	10 00
16. Sonde d'homme, en argent	1	6 50	5 00	6 50	5 00
17. Sonde exploratrice, en étain	1	1 50	1 00	1 50	1 00
18. Sonde œsophagienne, en gomme	1	3 00	2 00	3 00	2 00
19. Tourniquet à une pelote	1	5 50	4 00	5 50	4 00
La boîte vide	//	15 00	10 00	15 00	10 00
	79	....	....	92 35	65 00
1. Paire de ciseaux moyens, à tenon rivé carré	1	2 50	2 00	2 50	2 00
2. Pince à pansement, croisée, à point d'arrêt (modèle Charrière)	1	3 00	2 00	3 00	2 00
3. Rasoir, châsse en corne noire	1	3 00	2 50	3 00	2 50
4. Spatule trempée, en acier, beau poli	1	1 75	1 00	1 75	1 00
Trousse vide en mouton maroquiné	//	4 00	3 00	4 00	3 00
	4	....	....	14 25	10 50
1. Chaîne avec 3 érignes	1	0 75	0 50	0 75	0 50
2. Paire de ciseaux droits, à tenon rivé carré	1	1 75	1 00	1 75	1 00
3. Lames de scalpels variés	8	0 50	0 30	4 00	2 40
4. Manches pour lames de scalpels	2	1 00	0 75	2 00	1 50
5. Pince à disséquer, taillée en lime	1	1 50	0 80	1 50	0 80
6. Scalpel fort, pour cartilages, avec manche	1	2 50	1 75	2 50	1 75
Trousse vide en mouton maroquiné	//	4 00	3 00	4 00	3 00
	14	....	....	16 50	10 95

NUMÉROS d'ordre par unité simple ou collective.	DÉNOMINATION ET CLASSIFICATION DES MATIÈRES			PRIX DU TARIF au CLASSEMENT.	
	PAR UNITÉ PRINCIPALE, simple ou collective.	UNITÉ réglementaire.	PAR ESPÈCE D'OBJETS.	Neuf.	En service.
				fr. c.	fr. c.
207	INSTRUMENTS de chirurgie pour les boîtes réglementaires..	Nombre.	1. Instruments pour la boîte n° 1. Avulsion des dents............	//	//
			2. *Idem*, n° 2. Amputation et trépan. (Grande boîte)............	//	//
			3. *Idem*, n° 3. Amputation. (Petite boîte.)...................	//	//
			4. *Idem*, n° 4. Couteaux de rechange.......................	//	//
			5. *Idem*, n° 5. Maladie des yeux et des voies lacrymales. (Grande boîte.)	//	//
			6. *Idem*, n° 6. *Idem*........................ (Petite boîte.).	//	//
			7. *Idem*, n° 7. Maladies des oreilles.........................	//	//
			8. *Idem*, n° 8. Staphyloraphie et bronchotomie................	//	//
			9. *Idem*, n° 9. Maladies de l'œsophage.......................	//	//
			10. *Idem*, n° 10. Maladies des voies urinaires...................	//	//
			11. *Idem*, n° 11. Rétrécissements de l'urètre....................	//	//
			12. *Idem*, n° 12. Maladies de l'urètre..........................	//	//
			13. *Idem*, n° 13. Taille..	//	//
			14. *Idem*, n° 14. Lithotritie......................................	//	//
			15. *Idem*, n° 15. Resections.....................................	//	//
			16. *Idem*, n° 16. Instruments divers..............................	//	//
			17. *Idem*, n° 17. Resection des os................................	//	//
			18. *Idem*, n° 18. Cautères..	//	//
			19. *Idem*, n° 19. Compresseurs et moufles.......................	//	//
			20. *Idem*, n° 20. Compression et ligature des artères..............	//	//
			21. *Idem*, n° 21. Préparation des vaisseaux lymphatiques..........	//	//
			22. *Idem*, n° 22. Autopsie..	//	//
			23. *Idem*, n° 23. Injections cadavériques..........................	//	//
			24. *Idem*, n° 24. Opérations diverses.............................	//	//
			25. *Idem*, n° 25. Préparations anatomiques........................	//	//
			26. *Idem*, n° 26. Ténotomie.......................................	//	//
			27. *Idem*, n° 27. Accouchements..................................	//	//
			28. *Idem*, n° 28. Secours aux asphyxiés...........................	//	//
			29. *Idem*, n° 29. Pour les médecins stagiaires et les élèves de l'école du service de santé militaire de Strasbourg..................	//	//
			30. *Idem*, n° 30. Giberne et trousse garnie........................	//	//
			31. *Idem*, n° 31. Pour les sacs et sacoches d'ambulance. (Trousse garnie.)..	//	//
			32. *Idem*, n° 32. Trousse pour les infirmiers de visite............	//	//
			33. *Idem*, n° 33. Trousse de dissection pour les élèves de l'école du service de santé militaire de Strasbourg....................	//	//

OBSERVATIONS.	DIMENSIONS RÉGLEMENTAIRES.					POIDS RÉGLEMENTAIRE.
	Longueur.	Largeur.	Hauteur.	Épaisseur.	Profondeur.	
	mèt.	mèt.	mèt.	mèt.	mèt.	kil. gr.
Ce groupe servira à l'inscription des instruments destinés aux remplacements. Lorsqu'un instrument quittera cette unité pour être placé dans une boîte, il sera considéré comme consommé, et la sortie en sera justifiée par un certificat administratif établi sur la formule générale, modèle n° 241.						

NUMÉROS d'ordre par unité simple ou collective.	DÉNOMINATION ET CLASSIFICATION DES MATIÈRES — PAR UNITÉ PRINCIPALE, simple ou collective.	UNITÉ réglementaire.	PAR ESPÈCE D'OBJETS.	PRIX DU TARIF au CLASSEMENT. — Neuf.	En service.
				fr. c.	fr. c.
208	INSTRUMENTS de chirurgie non compris dans les boîtes réglementaires du n° 207...	Nombre.	1. Abaisse-langue ou plaque d'ivoire d'H. Larrey	3 00	2 0
			2. Aiguille à acupuncture (manche octogone)	0 75	0 5
			3. Aiguille ou lancette à vaccination	1 00	0 0
			4. Bougie en étain	1 25	0 8
			5. Conducteur excentrique de Ducamp	2 00	1 3
			6. Conducteur gradué	2 50	1 8
			7. Canule de Moreau-Boutard, en argent	8 00	6 0
			8. Davier à resection	5 00	3 0
			9. Dilatateur à vis et à 2 plaques d'ivoire, de la mâchoire, de H. Larrey.	20 00	14 0
			10. Entérotome	12 00	8 0
			11. Lime pour la préparation de l'oreille	1 50	1 0
			12. Mandrin en maillechort à palettes	1 50	1 0
			13. Ophthalmoscope du docteur Follin	18 00	12 0
			14. Paires de lunettes pour la myopie	6 00	4 0
			15. Porte-empreinte gradué de Ducamp	1 20	1 0
			16. Sonde d'Itard, en argent, pour la trompe d'Eustache	4 00	3 5
			17. Scarificateur à douze lames, à double rentrée	15 00	10 0
			18. Seringue en étain pour les organes génito-urinaires	7 00	5 0
			19. Seringue en ivoire pour injection iodée	24 00	16 0
			20. Seringue de Pruvaz, en argent et en verre	25 00	16 0
			21. Sonde canneléе pour resection, de Blandin	12 00	8 0
			22. Spéculum pour la bouche à trois valves	12 00	8 0
			23. Ventouse à pompe avec trois verres	15 00	10 0
			24. Instruments divers	//	//
			25. Boîtes et instruments de l'ancien arsenal (A)	//	//
209	OBJETS accessoires à la médecine et à la chirurgie	*Idem*...	1. Appareil à bain de vapeur	//	//
			2. Appareil à fractures du docteur Baudens, pour bras	3 00	2 0
			3. *Idem* pour cuisses	21 00	14 0
			4. *Idem* pour jambes	16 00	10 7
			5. Appareil à extension et à flexion du genou	60 00	40 0
			6. *Idem* du bras	60 00	40 0
			7. Appareil à fractures, en fil de fer, pour bras et avant-bras	1 40	0 9
			8. *Idem* pour cuisses	1 80	1 2
			9. *Idem* pour jambes avec semelles	2 50	1 7

OBSERVATIONS.	DIMENSIONS RÉGLEMENTAIRES.					POIDS RÉGLEMENTAIRE.
	Longueur.	Largeur.	Hauteur.	Épaisseur.	Profondeur.	
	mèt.	mèt.	mèt.	mèt.	mèt.	kil. gr.
NOTA. Les inventaires donneront toujours avec la plus rigoureuse exactitude, pour les instruments classés aux nos 24 et 25 du no 208, le détail desdits instruments, leur dénomination et les prix d'achat réduits d'un tiers pour le classement en service.						
(A) Sous cette dénomination seront compris sommairement tous les instruments et toutes les boîtes de l'ancien arsenal, dont les comptables feront connaître le détail dans un inventaire particulier ou par une simple note marginale.						
....	......	......	......	......	......	0 750
....	......	......	......	......	......	7 200
....	......	......	......	......	......	5 250
....	......	......	......	......	......	1 225
....	......	......	......	......	......	0 705
....	......	......	......	......	......	0 152
....	......	......	......	......	......	0 240
....	......	......	......	......	......	0 465

NUMÉROS d'ordre par unité simple ou collective.	DÉNOMINATION ET CLASSIFICATION DES MATIÈRES			PRIX DU TARIF de CLASSEMENT.	
	PAR UNITÉ PRINCIPALE, simple ou collective.	UNITÉ réglementaire.	PAR ESPÈCE D'OBJETS.	Neuf.	En service.
				fr. c.	fr. c.
209 (Suite.)	OBJETS accessoires à la médecine et à la chirurgie..... (Suite.)	Nombre.	10. Appareil incubatoire du docteur Guyot....................	60 00	40 00
			11. Appareil à immersion, avec son obturateur, du commandant Lacroix....................................	25 00	16 70
			12. Appareil à irrigation pour blessés........................	6 00	4 00
			13. Appareil magnéto-électrique à double courant, de Duchesne....	300 00	201 00
			14. Attelle pour bandage à fracture de bras et d'avant-bras.........	0 10	0 07
			15. Attelle pour bras avec bout en fer-blanc, pour sacs et sacoches d'ambulance....................................	0 50	0 35
			16. Attelle pour bandage à fracture de cuisse.................	0 60	0 40
			17. *Idem*.................... de jambe...................	0 50	0 35
			18. Attelle articulée pour bandage à fracture de cuisse............	1 20	0 70
			19. *Idem*......................... de jambe.............	0 70	0 45
			20. Attelle équerre (semelle)...............................	0 70	0 45
			21. Attelle palette (palette palmaire)........................	0 40	0 30
			22. Attelle en fil de fer avec ruban, pour sacs et sacoches d'ambulance....................................	1 50	1 00
			23. Cerceau à fractures, en fer............................	1 20	0 80
			24. Filière métrique pour bougies et sondes..................	4 00	2 70
			25. Irrigateur du docteur Éguisier, de 1 litre..................	16 00	11 00
			26. *Idem*.................... de 50 centilitres.............	14 00	9 50
			27. Lunettes pour ophthalmie (paire de)......................	5 00	3 40
			28. Œillère en cristal.....................................	0 60	0 30
			29. Palette en cuivre pour les saignées......................	8 00	5 40
			30. Seringue à piston, en étain, de 1 litre...................	7 00	4 70
			31. *Idem*................. de 50 centilitres................	5 00	3 40
			32. Seringue à injection, en étain..........................	1 00	0 70
			33. *Idem*........... en verre............................	0 10	″
			34. Seringue en étain n° 2, à deux canules, dont une en gomme.....	4 50	3 00
			35. Tubes à sangsues......................................	0 10	0 05
			36. Tubes à vaccin..	0 20	0 10
			37. Ventouses en verre....................................	0 30	″
210	TABLES d'amphithéâtre......	*Idem*...	1. Table à dissection en chêne............................	″	″
			2. Table en pierre de liais, de forme ovale..................	″	″
211	INSTRUMENTS et objets divers en cours d'expérimentation.	*Idem*...	....	″	″

OBSERVATIONS.	DIMENSIONS RÉGLEMENTAIRES. Longueur.	Largeur.	Hauteur.	Épaisseur.	Profondeur.	POIDS RÉGLEMENTAIRE.
	mèt.	mèt.	mèt.	mèt.	mèt.	kil. gr.
....	......	......	......	......	......	0 710
Cet appareil se compose d'un tube en zinc recourbé, plongeant dans un seau ordinaire, placé sur un trépied en bois.						
....	......	......	......	......	......	11 500
....	......	......	......	......	......	0 032
....	......	......	......	......	......	0 150
....	......	......	......	......	......	0 045
Les attelles sont en bois de hêtre ou en peuplier.						
....	......	......	......	......	......	0 170
....	......	......	......	......	......	0 080
....	......	......	......	......	......	0 580
En maillechort, portant trente trous, divisés entre eux par 1/3 de millimètre....	......	......	......	......	......	0 050
Revêtus intérieurement en étain, avec piston en étain à rondelle de cuir.......	......	......	......	......	......	1 930
Idem..........	......	......	......	......	......	1 270
Graduée de 120 à 875 grammes..........	......	......	......	......	......	0 760
A piston garni en cuir..........	......	......	......	......	......	1 480
Idem..........	......	......	......	......	......	1 230
....	......	......	......	......	......	0 105
A piston garni en fil de coton.						
Pour les sacs et sacoches d'ambulance.						
Doublée en zinc, à décompter au prix d'achat.						
A décompter au prix d'achat.						
Idem.						

NUMÉROS d'ordre par unité simple ou collective.	DÉNOMINATION ET CLASSIFICATION DES MATIÈRES — PAR UNITÉ PRINCIPALE, simple ou collective.	UNITÉ réglementaire.	PAR ESPÈCE D'OBJETS.	PRIX DU TARIF au CLASSEMENT. Neuf. fr. c.	En service. fr. c.
			ARTICLE 2. — MATÉRIEL DE LA PHARMACIE.		
			§ 1er. — MARBRES, PIERRES, VERRES, ETC.		
212	Objets en marbre et en pierre.	Nombre.	1. Mortier en marbre de 20 litres	40 00	20 00
			2. *Idem* de 10	24 00	12 00
			3. *Idem* de 5	18 00	9 00
			4. *Idem* de 2	11 00	5 50
			5. *Idem* de 1	8 50	4 25
			6. *Idem* de 0,50 centilitres	7 50	3 70
			7. Mollette en porphyre	50 00	25 00
			8. Tablette à porphyriser, en porphyre	150 00	75 00
213	Objets en porcelaine et en faïence	*Idem*	1. Appareil Briet	10 00	10 70
			2. Mortier en porcelaine émaillée de 2 litres	12 50	6 25
			3. *Idem* de 1	8 50	4 25
			4. *Idem* de 0,75 centilitres	5 50	2 70
			5. *Idem* de 0,50	1 50	2 25
			6. *Idem* de 0,25	3 00	1 50
			7. Mortier en porcelaine biscuitée, de 2 litres	7 50	3 70
			8. *Idem* de 1	4 00	2 00
			9. *Idem* de 0,75 centilitres	3 00	1 50
			10. *Idem* de 0,50	2 50	1 25
			11. *Idem* de 0,25	2 00	1 90
			12. Pilon en porcelaine émaillée, avec manche en bois	2 50	1 25
			13. Pilon en porcelaine biscuitée	1 50	0 70
			14. Pot de pharmacie dit *canon*, en faïence, non couvert, de 10 litres	6 00	3 00
			15. *Idem* de 5	2 50	1 25
			16. *Idem* de 2	0 90	0 45
			17. *Idem* de 1	0 30	0 15
			18. *Idem* de 0,50 cent.	0 20	0 10
			19. *Idem* de 0,20 à 0,25	0 15	0 07
			20. *Idem* de 0,12 et au-dessous	0 10	0 05
			21. Pot de pharmacie dit *canon*, en porcelaine, avec couvercle, de 2 litres.	2 70	1 35
			22. *Idem* de 1	2 00	1 00
			23. *Idem* de 0,50 c.	1 50	0 70

OBSERVATIONS.	DIMENSIONS RÉGLEMENTAIRES. Longueur.	Largeur.	Hauteur.	Épaisseur.	Profondeur.	POIDS RÉGLEMENTAIRE.
	mèt.	mèt.	mèt.	mèt.	mèt.	kil. gr.
Le diamètre des mortiers est celui de l'orifice	......	0 375	0 30	......	......	98 000
Idem	......	0 30	0 30	......	......	53 500
Idem	......	0 242	0 235	......	......	23 500
Idem	......	1 163	0 15	......	......	7 400
Idem	......	0 135	0 12	......	......	5 300
Idem	......	0 11	0 102	......	......	2 400
Diamètre du bas	......	0 103	0 185	......	......	2 240
......	......	0 45	......	0 02	......	13 200
Le diamètre des mortiers est celui de l'orifice	......	0 195	0 138	......	......	3 690
Idem	......	0 17	0 12	......	......	3 150
Idem	......	0 143	0 10	......	......	1 890
Diamètre de l'orifice	......	0 122	0 08	......	......	1 200
Idem	......	0 097	0 065	......	......	0 700
Idem	......	0 19	0 137	......	......	4 070
Idem	......	0 157	0 114	......	......	2 150
Idem	......	0 144	0 097	......	......	1 740
Idem	......	0 124	0 08	......	......	1 150
Idem	......	0 10	0 065	......	......	0 570
Même série que celle des mortiers du poids de 900, 490, 400, 260 et 165 gram.						
Idem ...... de 525, 400, 305, 185 et 095						
Diamètre de l'orifice	......	0 22	0 35	......	......	3 060
Idem	......	0 18	0 29	......	......	2 020
Idem	......	0 13	0 205	......	......	1 070
Idem	......	0 103	0 15	......	......	1 090
Idem	......	0 095	0 12	......	......	0 480
Idem	......	0 07	0 10	......	......	0 300
Le poids moyen des pots au-dessous de 12 centilitres est de 90 grammes	......	0 06	0 08	......	......	0 170
......	......	0 115	0 20	......	......	1 190
......	......	0 10	0 16	......	......	0 680
......	......	0 085	0 135	......	......	0 470

NUMÉROS d'ordre par unité simple ou collective.	DÉNOMINATION ET CLASSIFICATION DES MATIÈRES			PRIX DU TARIF au CLASSEMENT.	
	PAR UNITÉ PRINCIPALE, simple ou collective.	UNITÉ réglementaire.	PAR ESPÈCE D'OBJETS.	Neuf.	En service
				fr. c.	fr. c.
			1. Bocaux pour fleurs et racines, de 6 litres	2 25	1 15
			2. *Idem* de 2	0 70	0 35
			3. *Idem* de 1	0 40	0 20
			4. *Idem* de 0,50 centilitres	0 25	0 12
			5. *Idem* de 0,25	0 20	0 10
			6. Entonnoirs ordinaires, de 3 litres	1 15	0 50
			7. *Idem* de 2	0 70	0 35
			8. *Idem* de 1	0 40	0 20
			9. *Idem* de 0,75 centilitres	0 30	0 15
			10. *Idem* de 0,50	0 25	0 12
			11. *Idem* de 0,25	0 20	0 10
			12. *Idem* de 0,12	0 10	0 05
			13. *Idem* de 0,06	0 10	0 05
			14. Flacon, ouverture ordinaire, en verre blanc, non bouché de 5 litres	1 90	0 90
			15. *Idem* de 3	1 15	0 60
			16. *Idem* de 2	0 70	0 35
			17. *Idem* de 1 litre 50 centilitres	0 60	0 30
214	Objets en cristal et en verre blanc	Nombre.	18. *Idem* de 1 litre	0 40	0 20
			19. *Idem* de 0,50 centilitres	0 25	0 12
			20. *Idem* de 0,40	0 20	0 10
			21. *Idem* de 0,25	0 15	0 07
			22. *Idem* de 0,20	0 11	0 05
			23. *Idem* de 0,12	0 09	0 04
			24. *Idem* de 0,06	0 07	0 03
			25. *Idem* de 0,03	0 06	0 03
			26. *Idem* de 0,015 millilitres	0 05	0 02
			27. *Idem* de 0,010	0 05	0 02
			28. Flacon, large ouverture, en verre blanc, non bouché de 5 litres	1 90	0 90
			29. *Idem* de 3	1 15	0 60
			30. *Idem* de 2	0 70	0 35
			31. *Idem* de 1 litre 50 centilitres	0 60	0 30
			32. *Idem* de 1 litre	0 40	0 20
			33. *Idem* de 50 centilitres	0 25	0 12
			34. *Idem* de 0,40	0 20	0 10
			35. *Idem* de 0,25	0 15	0 07

OBSERVATIONS.	DIMENSIONS RÉGLEMENTAIRES. Longueur.	Largeur.	Hauteur.	Épaisseur.	Profondeur.	POIDS RÉGLEMENTAIRE.
	mèt.	mèt.	mèt.	mèt.	mèt.	kil. gr.
En verre blanc.	......	0 15	0 34	......	......	1 820
En verre blanc. — Diamètre de l'orifice.	......	0 117	0 218	......	......	0 640
Idem.	......	0 93	0 17	......	......	0 440
Idem.	......	0 078	0 13	......	......	0 240
Idem.	......	0 064	0 11	......	......	0 150
Idem.	......	0 24	......	......	......	0 790
Idem.	......	0 22	......	......	......	0 570
Idem.	......	0 17	......	......	......	0 300
Idem.	......	0 145	......	......	......	0 180
Idem.	......	0 122	......	......	......	0 170
Idem.	......	0 10	......	......	......	0 090
Idem.	......	0 08	......	......	......	0 070
Idem.	......	0 054	......	......	......	0 030
Terminés en dôme à la partie supérieure.	......	0 147	0 355	......	......	1 250
Idem.	......	0 13	0 26	......	......	0 820
Idem.	......	0 116	0 23	......	......	0 580
Idem.	......	0 104	0 20	......	......	0 480
Idem.	......	0 091	0 18	......	......	0 320
Idem.	......	0 081	0 15	......	......	0 230
Idem.	......	0 071	0 14	......	......	0 180
Idem.	......	0 061	0 12	......	......	0 170
Idem.	......	0 056	0 10	......	......	0 140
Idem.	......	0 051	0 09	......	......	0 100
Idem.	......	0 042	0 075	......	......	0 080
Idem.	......	0 035	0 06	......	......	0 040
Idem.	......	0 03	0 045	......	......	0 030
Idem.	......	0 026	0 35	......	......	0 020
Cette série est identique de forme et de dimensions à celle des flacons ouverture ordinaire, non bouchés.	......	......	......	......	......	1 370
Idem.	......	......	......	......	......	1 130
Idem.	......	......	......	......	......	0 630
Idem.	......	......	......	......	......	0 530
Idem.	......	......	......	......	......	0 420
Idem.	......	......	......	......	......	0 230
Idem.	......	......	......	......	......	0 230
Idem.	......	......	......	......	......	0 160

NUMÉROS d'ordre par unité simple ou collective.	DÉNOMINATION ET CLASSIFICATION DES MATIÈRES			PRIX DU TARIF au CLASSEMENT.	
	PAR UNITÉ PRINCIPALE, simple ou collective.	UNITÉ réglementaire.	PAR ESPÈCE D'OBJETS.	Neuf.	En service.
				fr. c.	fr. c.
214 (Suite.)	Objets en cristal et en verre blanc. (Suite.)	Nombre.	36. Flacon, large ouverture, en verre blanc, non bouché, de 0,20 cent.	0 11	0 0
			37. *Idem*.............................. de 0,15, 0,12 et 0,10..	0 09	0 0
			38. *Idem*.................................... de 0,06....	0 07	0 0
			39. *Idem*.................................... de 0,03....	0 06	0 0
			40. *Idem*................................ de 0,015 millilitres.	0 05	0 0
			41. *Idem*................................ de 0,010........	0 05	0 0
			42. Flacon, ouverture ordinaire, en cristal, bouché à l'émeri, de 5 litres.	4 00	2 0
			43. *Idem*...................................... de 3.....	2 40	1 2
			44. *Idem*...................................... de 2.....	1 60	0 8
			45. *Idem*.......................... de 1 litre 50 centilitres.	1 20	0 6
			46. *Idem*.......................... de 1 litre............	0 80	0 4
			47. *Idem*.......................... de 0,50 centilitres.....	0 60	0 3
			48. *Idem*.......................... de 0,40.............	0 50	0 2
			49. *Idem*.......................... de 0,25.............	0 45	0 2
			50. *Idem*.......................... de 0,20.............	0 40	0 2
			51. *Idem*.......................... de 0,12.............	0 35	0 1
			52. *Idem*.......................... de 0,06.............	0 25	0 1
			53. *Idem*.......................... de 0,03.............	0 20	0 1
			54. *Idem*.......................... de 0,015 millilitres....	0 18	0 0
			55. *Idem*.......................... de 0,010.............	0 18	0 0
			56. Flacon, large ouverture, en cristal, bouché à l'émeri, de 2 litres...	2 70	1 3
			57. *Idem*...................................... de 1.......	1 70	0 8
			58. *Idem*................................ de 0,50 centilitres.	1 25	0 6
			59. *Idem*................................ de 0,40.........	1 20	0 6
			60. *Idem*................................ de 0,25.........	1 00	0 5
			61. *Idem*................................ de 0,20.........	0 90	0 4
			62. *Idem*................................ de 0,12.........	0 70	0 3
			63. *Idem*................................ de 0,06.........	0 50	0 2
			64. *Idem*................................ de 0,03.........	0 40	0 2
			65. *Idem*................................ de 0,015 millilitres.	0 30	0 1
			66. *Idem*................................ de 0,010.........	0 25	0 1
			67. Flacon à étiquette vitrifiée, ouverture ordinaire, bouché à l'émeri, en verre blanc, de 1 litre................................	1 70	0 8
			68. *Idem*.......... de 0,25 centilitres......................	1 10	0 5
			69. Flacon carré, petit, pour appareil de chirurgien, bouché à l'émeri, en verre blanc....................................	0 30	0 1

OBSERVATIONS.	DIMENSIONS RÉGLEMENTAIRES.					POIDS RÉGLEMENTAIRE.
	Longueur.	Largeur.	Hauteur.	Épaisseur.	Profondeur.	
	mèt.	mèt.	mèt.	mèt.	mèt.	kil. gr.
Cette série est identique de forme et de dimensions à celle des flacons ouverture ordinaire, non bouchés	......	......	......	......	......	0 160
Idem	......	......	......	......	......	0 120
Idem	......	......	......	......	......	0 070
Idem	......	......	......	......	......	0 050
Idem	......	......	......	......	......	0 030
Idem	......	......	......	......	......	0 020
Idem, en verre blanc, non bouchés	......	......	......	......	......	1 300
Idem	......	......	......	......	......	0 980
Idem	......	......	......	......	......	0 760
Idem	......	......	......	......	......	0 560
Idem	......	......	......	......	......	0 450
Idem	......	......	......	......	......	0 290
Idem	......	......	......	......	......	0 210
Idem	......	......	......	......	......	0 180
Idem	......	......	......	......	......	0 130
Idem	......	......	......	......	......	0 100
Idem	......	......	......	......	......	0 080
Idem	......	......	......	......	......	0 040
Idem	......	......	......	......	......	0 040
Idem	......	......	......	......	......	0 030
Idem	......	......	......	......	......	0 880
Idem	......	......	......	......	......	0 650
Idem	......	......	......	......	......	0 360
Idem	......	......	......	......	......	0 320
Idem	......	......	......	......	......	0 240
Idem	......	......	......	......	......	0 170
Idem	......	......	......	......	......	0 140
Idem	......	......	......	......	......	0 080
Idem	......	......	......	......	......	0 080
......	......	......	......	......	......	0 040
......	......	......	......	......	......	0 040
......	......	......	......	......	......	0 440
......	......	......	......	......	......	0 150
......	......	......	......	......	......	0 070

NUMÉROS d'ordre par unité simple ou collective.	DÉNOMINATION ET CLASSIFICATION DES MATIÈRES — PAR UNITÉ PRINCIPALE, simple ou collective.	UNITÉ réglementaire.	PAR ESPÈCE D'OBJETS.	PRIX DU TARIF au CLASSEMENT. — Neuf. fr. c.	En service. fr. c.
214 (Suite.)	Objets en verre blanc et en cristal............... (Suite.)	Nombre.	70. Mortier en cristal, avec pilon, de 1 litre..................	6 80	3 40
			71. *Idem*.................... de 0,50 centilitres............	4 25	2 12
			72. *Idem*.................... de 0,25....................	1 70	0 80
			73. Spatule en verre, grande..............................	0 60	0 30
			74. *Idem*.......... moyenne..............................	0 60	0 30
			75. *Idem*.......... petite..............................	0 25	0 12
			76. Verre gradué..	2 50	1 25
			77. Tube gradué pour distribuer la solution de sulfate de quinine dans les corps de troupe..	3 00	1 50
215	Objets en verre noir........	*Idem*...	1. Bouteille en verre noir, de 6 litres........................	1 50	0 70
			2. *Idem*............. de 5.............................	1 25	0 60
			3. *Idem*............. de 3.............................	0 70	0 35
			4. *Idem*............. de 2.............................	0 50	0 25
			5. Bouteille en verre noir, bouchée à l'émeri, de 2 litres..........	1 00	0 50
			6. *Idem*............................ de 1.............	0 50	0 25
			7. Dame-jeanne en verre noir, de 50 litres...................	7 50	3 70
			8. *Idem*............... de 25..........................	3 70	1 80
216	Objets en grès et en terre vernissée................	*Idem*...	1. Bouteille-cruchon de 1 litre..............................	0 35	0 20
			2. *Idem*......... de 0,50 centilitres......................	0 30	0 15
			3. *Idem*......... de 0,25..................................	0 20	0 10
			4. *Idem*......... de 0,12..................................	0 15	0 07
			5. Jarres de 150 litres.....................................	45 00	22 00
			6. *Idem* de 75..	30 00	15 00
			7. *Idem* de 30..	15 00	7 50
			8. Pot cylindrique à médicaments, de 10 litres................	0 80	0 40
			9. *Idem*.................... de 6.........................	0 60	0 30
			10. *Idem*.................... de 3.........................	0 40	0 20
			11. *Idem*.................... de 2.........................	0 30	0 15
			12. *Idem*.................... de 1.........................	0 25	0 12
			13. *Idem*.................... de 0,50 centilitres...........	0 20	0 10
			14. Terrine à bec, en grès fin émaillé, de 25 litres..............	10 00	5 00
			15. *Idem*...................... de 15.......................	4 50	2 25
			16. *Idem*...................... de 10.......................	3 00	1 50
			17. *Idem*...................... de 5........................	2 00	1 00

OBSERVATIONS.	DIMENSIONS RÉGLEMENTAIRES.					POIDS RÉGLEMENTAIRES.
	Longueur.	Largeur.	Hauteur.	Épaisseur.	Profondeur.	
	mèt.	mèt.	mèt.	mèt.	mèt.	kil. gr.
Diamètre de l'orifice	......	0 15	0 135	......	......	2 700
Idem	......	0 115	0 115	......	......	1 680
Idem	......	0 09	0 085	......	......	0 680
......	0 30	......	......	......	......	0 260
......	0 26	......	......	......	......	0 250
......	0 19	......	......	......	......	0 100
......	......	......	......	......	......	0 275
......	......	......	......	......	......	0 115
......	......	......	......	......	......	1 960
......	......	......	......	......	......	1 930
......	......	......	......	......	......	1 650
......	......	......	......	......	......	1 270
......	......	......	......	......	......	1 450
......	......	......	......	......	......	0 900
Recouverte en osier	......	......	......	......	......	11 000
Idem	......	......	......	......	......	5 501
......	......	......	......	......	......	1 470
......	......	......	......	......	......	0 610
......	......	......	......	......	......	0 470
......	......	......	......	......	......	0 290
......	......	......	......	......	......	68 300
......	......	......	......	......	......	32 000
......	......	......	......	......	......	10 500
......	......	0 57				
......	......	0 46				
......	......	0 40				
......	......	0 30				

NUMÉROS d'ordre par unité simple ou collective.	DÉNOMINATION ET CLASSIFICATION DES MATIÈRES			PRIX DU TARIF au CLASSEMENT.	
	PAR UNITÉ PRINCIPALE, simple ou collective.	UNITÉ réglementaire.	PAR ESPÈCE D'OBJETS.	Neuf.	En service.
				fr. c.	fr. c.
			§ 2. — CUIVRE ET ÉTAIN.		
217	Ustensiles en cuivre........	Nombre.	1. Alambics de 150 litres..................................	750 00	500 00
			2. *Idem*.... de 100..	600 00	400 00
			3. *Idem*.... de 50..	450 00	300 00
			4. *Idem*.... de 25..	250 00	166 00
218	Ustensiles en cuivre.......	Kilogr..	1. Appareil bain-marie pour cataplasmes, de 30 litres............	4 00	2 70
			2. *Idem*.......................... de 15................		
			3. Bassine à cul-de-poule et à fond rond, de 400 litres............		
			4. *Idem*........................ de 300................		
			5. *Idem*........................ de 200................		
			6. *Idem*........................ de 150................		
			7. *Idem*........................ de 100................		
			8. *Idem*........................ de 75................		
			9. *Idem*........................ de 50................		
			10. *Idem*........................ de 20................		
			11. *Idem*........................ de 10................		
			12. *Idem*........................ de 5................		

OBSERVATIONS.	DIMENSIONS RÉGLEMENTAIRES. Longueur.	Largeur.	Hauteur.	Épaisseur.	Profondeur.	POIDS RÉGLEMENTAIRE.
	mèt.	mèt.	mèt.	mèt.	mèt.	kil. gr.
Épaisseurs des cuivres..... Cucurbite........ Côté....... 0^m00140, Fond...... 0 00250; Bain-marie........ Côté....... 0 00085, Fond...... 0 00120; Chapiteau.................... 0 00120	......	......	......	......	......	135 500
Mêmes épaisseurs que les précédentes....................................	......	......	......	......	......	111 200
Épaisseurs des cuivres..... Cucurbite........ Côté....... 0^m00125, Fond...... 0 00175; Bain-marie........ Côté....... 0 00085, Fond...... 0 00120; Chapiteau.................... 0 00080	......	......	......	......	......	69 450
Mêmes épaisseurs que les précédentes....................................	......	......	......	......	......	36 600
Nota. La capacité des alambics est déterminée par la contenance de la cucurbite.						
Épaisseurs des cuivres..... Bassine...................... 0^m00115; Bain-marie........ Côté....... 0 00140, Fond...... 0 002	......	0 40	0 335	......	......	30 600
Mêmes épaisseurs que les précédentes....................................	......	0 325	0 245	......	......	19 700
Cette bassine à double enveloppe, mise en action par la vapeur, est spéciale à la pharmacie centrale.						
Capacité nécessaire aux réserves des médicaments. — Épaisseurs des cuivres.................... Fond...... 0^m003 Côté....... 0 002 Couvercle .. 0 00150	......	0 80	0 64	......	......	64 200
Pour les grands hôpitaux seulement.—Épaisseurs des cuivres.................................. Fond...... 0 003 Côté....... 0 002 Couvercle... 0 00150	......	0 70	0 55	......	......	47 400
Mêmes épaisseurs des cuivres que la précédente........................	......	0 62	0 53	......	......	42 460
Épaisseur du cuivre 0^m00140..	......	0 60	0 40	0 00140	......	21 700
Même épaisseur du cuivre que la précédente............................	......	0 58	0 35	0 00140	......	19 400
Épaisseur du cuivre 0^m00120..	......	0 53	0 31	0 00120	......	12 250
Même épaisseur du cuivre que la précédente............................	......	0 41	0 32	0 00120	......	8 100
Épaisseur du cuivre 0^m00113..	......	0 34	0 16	0 00113	......	5 400
Idem.......... 0 00113..	......	0 16	0 13	0 00113	......	2 000

NUMÉROS d'ordre par unité simple ou collective.	DÉNOMINATION ET CLASSIFICATION DES MATIÈRES — PAR UNITÉ PRINCIPALE, simple ou collective.	UNITÉ réglementaire.	PAR ESPÈCE D'OBJETS.	PRIX DU TARIF au CLASSEMENT. Neuf.	En service.
				fr. c.	fr. c.
218 (Suite.)	USTENSILES en cuivre....... (Suite.)	Kilogr..	13. Couloir de pharmacie de 25 litres 14. Entonnoir à douille et à robinet, de 2 litres 15. *Idem*.................... de 1 16. Poêlon de 5 litres 17. *Idem*.. de 3 18. *Idem*.. de 2 19. *Idem*.. de 1 20. *Idem*.. de 0,50 centilitres	5 00	3 40
219	USTENSILES en étain........	Kilogr..	1. Réservoir à tisane de 110 litres 2. *Idem*.......... de 70 3. *Idem*.......... de 35 4. Couloir de 15 litres 5. *Idem*.. de 10 6. *Idem*.. de 5 7. *Idem*.. de 2 8. *Idem*.. de 1 9. *Idem*.. de 0,50 cent. 10. Infusoir de 10 litres avec double diaphragme et robinet 11. Infusoir ordinaire de 10 litres 12. *Idem*.......... de 5 13. *Idem*.......... de 3 14. *Idem*.......... de 1	5 00	3 40
220	USTENSILES en étain........	Nombre.	1. Table de tisanerie recouverte en étain, grande	640 00	425 00
			2. *Idem*............................ moyenne	500 00	340 00
			3. *Idem*............................ petite	400 00	270 00
			4. Pot à onguent, avec couvercle vissé, pour sacs et sacoches d'ambulance	0 50	0 35

§ 3 — FER-BLANC, FER FORGÉ, FER BATTU ÉTAMÉ, FONTE DE FER.

221	USTENSILES en fer-blanc.....	Nombre.	1. Appareil à déplacement de 10 litres	12 00	8 00
			2. *Idem*.............. de 5	9 00	6 00
			3. Appareil à déplacement de 3 litres	6 00	4 00
			4. Boîte pour sulfate de quinine de 1 kilogramme	1 00	0 70
			5. *Idem*.................. de 0,500 grammes	0 70	0 50

OBSERVATIONS.	DIMENSIONS RÉGLEMENTAIRES.					POIDS RÉGLEMENTAIRE.
	Longueur.	Largeur.	Hauteur.	Épaisseur.	Profondeur.	
	mèt.	mèt.	mèt.	mèt.	mèt.	kil. gr.
....	....	0 53	0 20	0 00015	......	8 700
....	....	0 20	....	0 00008	......	0 900
....	....	0 165	....	0 00008	......	0 690
....	....	0 24	0 155	0 00018	......	2 050
....	....	0 20	0 135	0 00018	......	1 460
....	....	0 18	0 117	0 00014	......	0 950
....	....	0 135	0 10	0 00014	......	0 600
....	....	0 12	0 08	0 00012	......	0 450
....	....	0 44	0 76	....	......	50 00
....	....	0 40	0 66	....	......	40 00
....	....	0 30	0 56	....	......	25 00
....	....	0 41	0 165	....	......	7 500
....	....	0 35	0 15	....	......	6 00
Avec anse en étain........	....	0 265	0 13	....	......	4 00
Avec manche en bois........	....	0 215	0 85	....	......	2 00
Idem........	....	0 168	0 08	....	......	1 00
Idem........	....	0 13	0 075	....	......	0 800
....	....	0 23	0 30	....	......	11 00
....	....	0 19	0 29	....	......	9 00
....	....	0 155	0 235	....	......	5 00
....	....	0 115	0 19	....	......	4 00
....	....	0 115	0 14	....	......	2 00
Ces tables sont recouvertes d'une feuille d'étain de 0m,004 d'épaisseur, pesant........ 140 kilogrammes...	3 00	1 20	....	0 05		
108........	2 50	1 10	....	0 05		
82........	2 00	1 00	....	0 05		
Avec robinet en étain........	....	0 155	0 84	....	......	2 380
Idem........	....	0 128	0 60	....	......	1 670
Idem........	....	0 097	0 55	....	......	1 180
....	....	0 107	0 245	....	......	0 320
....	....	0 086	0 185	....	......	0 200

NUMÉROS d'ordre par unité simple ou collective.	DÉNOMINATION ET CLASSIFICATION DES MATIÈRES			PRIX DU TARIF au CLASSEMENT.	
	PAR UNITÉ PRINCIPALE, simple ou collective.	UNITÉ réglementaire.	PAR ESPÈCE D'OBJETS.	Neuf.	En service.
				fr. c.	fr. c.
221 (Suite.)	Ustensiles en fer-blanc.....	Nombre.	6. Boîte pour sulfate de quinine, de 0,200 grammes............	0 50	0 35
			7. *Idem*.................. de 0,100....................	0 30	0 20
			8. Capsule vernie vert clair pour pot de pharmacie de 10 litres......	1 70	1 10
			9. *Idem*.............................. de 5........	1 50	1 00
			10. *Idem*.............................. de 2........	1 00	0 70
			11. *Idem*.............................. de 1........	0 70	0 50
			12. Capsule vernie vert clair pour bocaux de 6 litres..............	0 90	0 60
			13. *Idem*...................... de 2..................	0 40	0 25
			14. *Idem*...................... de 1..................	0 40	0 25
			15. *Idem*...................... de 0,50 centilitres........	0 40	0 25
			16. Capsule vernie vert clair pour flacon, ouverture ordinaire, de 5 litres.	0 40	0 25
			17. *Idem*.................................. de 3.....	0 40	0 25
			18. *Idem*.................................. de 2.....	0 40	0 25
			19. *Idem*.................................. de 1,50c..	0 40	0 25
			20. *Idem*.................................. de 1.....	0 40	0 25
			21. *Idem*.................................. de 0,50c..	0 40	0 25
			22. Capsule vernie vert clair pour flacon, large ouverture, de 5 litres..	0 40	0 25
			23. *Idem*................................ de 3.......	0 40	0 25
			24. *Idem*................................ de 2.......	0 40	0 25
			25. *Idem*................................ de 1,50c....	0 40	0 25
			26. *Idem*................................ de 1.......	0 40	0 25
			27. *Idem*................................ de 0,50c....	0 40	0 25
			28. Flacon carré avec bouchon de liége, de 1 à 4 litres...........	2 40	1 60
			29. Boîte avec couvercle fermant à touret, longue................	5 50	3 65
			30. *Idem*...................... carrée................	3 75	2 50
			31. Boîte avec couvercle, ronde..............................	0 65	0 40
			32. Entonnoir, forme spéciale, de 0,25 à 0,50 centilitres..........	0 75	0 45
			33. Lampe à alcool pour sacs et sacoches d'ambulance.............	2 50	1 70
			34. Boîte à compartiment, fermant à touret, pour sacs d'ambulance. .	7 00	5 00
			35 Boîte formant double coffret avec compartiment fermant à touret, pour sacoches d'ambulance...........................	12 00	8 00

OBSERVATIONS.	DIMENSIONS RÉGLEMENTAIRES.					POIDS RÉGLEMENTAIRE.
	Longueur.	Largeur.	Hauteur.	Épaisseur.	Profondeur.	
	mèt.	mèt.	mèt.	mèt.	mèt.	kil. gr.
....	....	0 065	0 14	......	......	0 110
....	....	0 05	0 112	......	......	0 70
....	....	0 25	0 049	......	......	0 260
....	....	0 195	0 045	......	......	0 200
....	....	0 155	0 042	......	......	0 130
....	....	0 13	0 033	......	......	0 080
....	....	0 14	0 05	......	......	0 110
....	....	0 10	0 044	......	......	0 070
....	....	0 085	0 031	......	......	0 050
....	....	0 07	0 03	......	......	0 040
....	....	0 055	0 10	......	......	0 050
....	....	0 05	0 093	......	......	0 050
....	....	0 045	0 09	......	......	0 040
....	....	0 045	0 079	......	......	0 040
....	....	0 04	0 07	......	......	0 030
....	....	0 036	0 07	......	......	0 020
....	....	0 078	0 105	......	......	0 080
....	....	0 078	0 102	......	......	0 080
....	....	0 07	0 097	......	......	0 070
....	....	0 067	0 09	......	......	0 060
....	....	0 055	0 075	......	......	0 040
....	....	0 05	0 73	......	......	0 030

NUMÉROS d'ordre par unité simple ou collective.	DÉNOMINATION ET CLASSIFICATION DES MATIÈRES			PRIX DU TARIF au CLASSEMENT.	
	PAR UNITÉ PRINCIPALE, simple ou collective.	UNITÉ réglementaire.	PAR ESPÈCE D'OBJETS.	Neuf.	En service.
				fr. c.	fr. c.
222	USTENSILES en fer forgé.....	Nombre.	1. Bain de sable....................................	6 00	4 0
			2. Couteau de pharmacie................................	3 00	2 0
			3. Couteau à racines, lames concaves..........	35 00	23 4
			4. Cylindres cannelés pour moulin Cambray, grands.............	50 00	33 3
			5. *Idem*.......................... petits..............	28 00	18 7
			6. Mâche-bouchons....................................	4 50	3 0
			7. Mortier en fonte tournée et polie, avec pilon en fer aciéré, de 2 litres.	25 00	16 7
			8. *Idem*.................................... de 1.....	21 00	14 0
			9. *Idem*.................................... de 0,50^{c}..	15 00	10 0
			10. Spatules diverses....................................	3 00	2 0
			11. Spatule à grains d'émétique..........................	1 50	1 0
223	USTENSILES en fer battu étamé.	*Idem* ..	1. Appareil à déplacement, de 100 litres......................	120 00	80 0
			2. Bidon pour distribuer les tisanes, de 15 litres...............	13 00	9 0
			3. Gobelet à patte mobile et couvercle formant bougeoir, pour sacs et sacoches d'ambulance............................	2 50	1 7
			4. Cuiller à distribuer les tisanes..........................	3 00	2 0
			5. Réservoir à tisane, de 110 litres........................	70 00	46 7
			6. *Idem*........... de 90..................................	60 00	40 0
			7. *Idem*........... de 70..................................	50 00	33 3
			8. *Idem*........... de 50..................................	40 00	26 7
			9. *Idem*........... de 30..................................	30 00	20 0
			10. *Idem*........... de 20..................................	20 00	13 3
			11. *Idem*........... de 10..................................	12 00	8 0
			12. *Idem*........... de 5..................................	8 00	5 3
			13. Seau gradué avec couvercle, de 15 litres.....................	13 00	9 0
			14. Réservoir à eau avec bouchon et robinet en cuivre, de 25 à 30 litres	47 00	32 0
			15. Bassine de 9 litres....................................	4 50	3 0
			16. Poêlon de 6 litres....................................	4 25	2 8
			17. *Idem*.. de 3 litres....................................	3 90	2 6
			18. *Idem*.. de 2 litres....................................	3 65	2 4
			19. *Idem*.. de 1 litre....................................	3 50	2 3
224	USTENSILES en fonte de fer...	Kilog..	1. Bouteille à mercure....................................	0 60	0 4
			2. Marmite à couvercle de 200 litres........................	0 60	0 4
			3. *Idem*........... de 60..................................	0 60	0 4
			4. Marmite sans couvercle de 25 litres........................	0 60	0 4

OBSERVATIONS.	DIMENSIONS RÉGLEMENTAIRES. Longueur.	Largeur.	Hauteur.	Épaisseur.	Profondeur.	POIDS RÉGLEMENTAIRE.
	mèt.	mèt.	mèt.	mèt.	mèt.	kil. gr.
....	......	0 39	0 063	......	......	2 520
Longueur de lames........	0 25	......	......	......	......	0 140
A double lame : celle inférieure fixe, celle supérieure mobile........	......	......	......	......	......	8 00
Poids de la paire........	0 12	0 14	......	......	......	29 50
Idem........	0 45	0 14	......	......	......	11 00
....	......	......	......	......	......	1 030
....	......	0 20	0 165	......	......	13 100
....	......	0 16	0 16	......	......	0 750
....	......	0 125	0 12	......	......	4 490
Série de 60, 50, 40, 30 et 16 centimètres de longueur, pesant 750, 470, 300, 230, 50 et 30 grammes.						
....	0 165	......	......	......	......	0 020
Spécial à la pharmacie centrale et aux réserves des médicaments.						
Avec goulot et demi-couvercle fixe, garni par le bas d'un cercle en fer plat pour préserver le fond........	......	0 255	0 325	......	......	2 330
Munie d'une tige recourbée servant d'anse et se terminant par un crochet........	......	0 11	0 10	......	......	0 420
Spécial aux hôpitaux temporaires........	......	......	......	......	......	28 900
Idem........	......	......	......	......	......	19 800
Idem........	......	......	......	......	......	16 600
Idem........	......	......	......	......	......	12 200
Idem........	......	......	......	......	......	8 400
Idem........	......	......	......	......	......	5 900
Idem........	......	......	......	......	......	4 300
Idem........	......	......	......	......	......	2 900
Garni par le bas d'un cercle en fer plat pour préserver le fond........	......	0 27	0 31	......	......	2 770
Spéciale à la pharmacie centrale et aux réserves des médicaments.						
Idem.						

NUMÉROS d'ordre par unité simple ou collective.	DÉNOMINATION ET CLASSIFICATION DES MATIÈRES — PAR UNITÉ PRINCIPALE, simple ou collective.	UNITÉ réglementaire.	PAR ESPÈCE D'OBJETS.	PRIX DU TARIF ou CLASSEMENT. — Neuf.	En service.
				fr. c.	fr. c.
224 (Suite.)	USTENSILES en fonte de fer... (Suite.)	Kilogr..	5. Marmite sans couvercle de 15 litres	0 60	0 40
			6. *Idem*............. de 10	0 60	0 40
			7. Mortier avec pilon en fer aciéré, de 20 litres	0 60	0 40
			8. *Idem*.................... de 10	0 60	0 40
			§ 4. — BOIS ET CUIR.		
225	OBJETS en bois...........	Nombre.	1. Billot en orme, tourné et cerclé en fer, grand	30 00	20 0
			2. *Idem*........................ moyen	20 00	13 3
			3. *Idem*........................ petit	20 00	13 3
			4. Pilon à deux têtes, en gaïac, pour mortier, de 20 litres	15 00	10 0
			5. *Idem*........................ de 10	10 00	7 0
			6. *Idem*........................ de 5	7 00	4 7
			7. *Idem*........................ de 2	3 00	2 0
			8. *Idem*........................ de 1	2 00	1 4
			9. *IIdm*........................ de 0,50 centilitres	1 50	1 0
			10. Bistortier, grand, pour l'onguent mercuriel	15 00	10 0
			11. Boîte de pharmacie en chêne, grande	7 00	4 7
			12. *Idem*.................. moyenne	5 00	3 4
			13. *Idem*.................. petite	3 00	2 0
			14. Boîte en chêne pour réactifs	22 50	15 0
			15. Boîte en noyer pour médicaments	9 50	6 3
			16. Carrés à étamines simples	2 50	1 7
			17. *Idem*......... montés sur pieds	6 00	4 0
			18. Châssis pour percaline adhésive	4 50	3 0
			19. Châssis avec courroies pour réservoirs à eau	9 25	6 1
			20. Crible en fil de laiton	6 00	4 0
			21. Caisse ferrée avec compartiments en sapin, à encadrement en orme, pour caisse de pharmacie	50 00	43 0
			22. Moulin Cambray, à cylindres cannelés, grand	160 00	107 0
			23. *Idem*........................ petit	90 00	60 0
			24. Pilulier de 40 cannelures	32 00	22 0
			25. *Idem*.. de 20 cannelures	20 00	13 3
			26. Presse de pharmacie à balancier à percussion et accessoire de 9 centimètres de vis de pression	1,400 00	934 0
			27. *Idem* de 6 centimètres de vis de pression	550 00	367 0
			28. *Idem* de 5	400 00	267 0
			29. *Idem* de 4	350 00	234 0

OBSERVATIONS.	DIMENSIONS RÉGLEMENTAIRES. Longueur.	Largeur.	Hauteur.	Épaisseur.	Profondeur.	POIDS RÉGLEMENTAIRE.
	mèt.	mèt.	mèt.	mèt.	mèt.	kil. gr.
....	....	0 43	0 41	......	......	133
....	....	0 315	0 320	......	......	65 500
....	....	0 45	0 45			
....	....	0 35	0 45			
....	....	0 25	0 80			
....	0 60					
....	0 48					
....	0 38					
....	0 28					
....	0 22					
....	0 18					
Tête en gaïac, montée sur tige en hêtre........	1 33	0 12				
Avec couvercle fermant à encadrement........	0 60	0 30	0 25			
Idem........	0 50	0 50	0 20			
Idem........	0 40	0 25	0 15			
La longueur des côtés variera de $0^m,60$ à $0^m,20$.						
Longueur des côtés du carré; l'écartement des pieds est maintenu par deux traverses parallèles,........	0 65	....	0 77			
....	2 28	1 12				
....	....	0 56				
En noyer, avec tablette en marbre.						
Idem.						
Spéciale à la pharmacie centrale et aux réserves des médicaments.						
Idem.						
Pour hôpitaux de 500 malades et au-dessus.						
Idem de 200 et au-dessus.						

NUMÉROS d'ordre par unité simple ou collective.	DÉNOMINATION ET CLASSIFICATION DES MATIÈRES — PAR UNITÉ PRINCIPALE, simple ou collective.	UNITÉ réglementaire.	PAR ESPÈCE D'OBJETS.	PRIX DU TARIF AU CLASSEMENT. Neuf.	En service.
				fr. c.	fr. c.
225 (Suite.)	Objets en bois............ (Suite.)	Nombre.	30. Presse de pharmacie à balancier à percussion et accessoires de 35 millimètres de vis de pression.........................	280 00	187 00
			31. Presse à citrons...	20 00	13 35
			32. Spatules diverses en bois.................................	0 70	0 50
			33. *Idem*......... en os.....................................	1 00	0 70
			34. Sparadrapier à auge......................................	13 50	10 00
			35. Support pour appareil à déplacement.......................	7 00	4 70
			36. Support pour entonnoirs, cornues, etc.....................	6 00	4 00
			37. Tamis simple en soie.....................................	3 00	2 00
			38. *Idem*....... en crin.....................................	2 00	1 40
			39. Tamis-tambour en soie.....................................	7 00	4 70
			40. *Idem*........ en crin....................................	6 50	4 35
			41. Tringles à traverses à liteaux en chêne pour soutenir les caisses du caisson de pharmacie..................................	9 00	6 00
226	Objets en cuir............	Nombre.	Poche en cuir pour mortier...................................	6 50	4 25

ARTICLE 3. — MOBILIER DES CHAPELLES.

227	Effets sacerdotaux........	Nombre.	1. Barette en drap noir.......................................	4 00	2 70
			2. Camail en drap noir avec ou sans capuchon..................	24 00	16 00
			3. Chape blanche...	110 00	66 70
			4. Chape noire...	100 00	60 00
			5. Chasuble blanche et accessoires	85 00	50 00
			6. Chasuble et accessoires aux couleurs liturgiques...........	85 00	50 00
			7. Chasuble noire et accessoires..............................	75 00	43 40
			8. Étole pastorale noire......................................	40 00	23 40
			9. *Idem*....... de toutes couleurs...........................	60 00	37 40
			10. *Idem*........ de sacrements...............................	22 00	12 70
228	Linge....................	Nombre.	1. Amict..	2 00	1 40
			2. Aube...	28 00	18 70
			3. Cordon d'aube..	1 50	1 00
			4. Corporal...	2 00	1 40
			5. Lavabo ou manuterge..	1 25	0 80
			6. Nappe d'autel garnie en tulle brodé........................	20 00	13 35
			7. *Idem*............ de dessous, grande........................	7 00	4 70
			8. *Idem*.................... moyenne..........................	6 00	4 00

OBSERVATIONS.	DIMENSIONS RÉGLEMENTAIRES.					POIDS RÉGLEMENTAIRE.
	Longueur.	Largeur.	Hauteur.	Épaisseur.	Profondeur.	
	mèt.	mèt.	mèt.	mèt.	mèt.	kil. gr.
Pour hôpitaux au-dessous de 200 malades.						
De dimensions appropriées au service, en bois de hêtre.						
De 265 millimètres, 20 centimètres et de 165 millimètres de long.						
En hêtre, garni intérieurement d'une lame de cuivre rabattue extérieurement sur les côtés	0 21	0 13 à l'orifice.	0 125			
Longueur des côtés du carré, maintenu dans le bas par quatre traverses en chêne..	0 31	....	1 18			
Longueur des côtés du carré en chêne	0 45	....	1 18			
	....	0 365				
	....	0 365				
Sont de deux sortes, portant le n° 1 ou le n° 2, selon le degré de finesse auquel ils tamisent	....	0 38				
Idem	....	0 38				
La collection de dix.						
	3 00					
	3 00					
	2 00					

Numéros d'ordre par unité simple ou collective.	Dénomination et classification des matières — Par unité principale, simple ou collective.	Unité réglementaire.	Par espèce d'objets.	Prix du tarif au classement. Neuf. fr. c.	En servic[e]. fr. c.
228 (Suite.)	Linge.................. (Suite).	Nombre.	9. Nappe de communion..............................	10 00	6 7
			10. Purificatoire..............................	1 25	0 8
			11. Rochet..............................	20 00	13 3
			12. Surplis..............................	20 00	13 3
229	Vases sacrés en argent......	Nombre.	1. Boite pour les saintes huiles..............................	12 00	8 0
			2. Burettes (Paire de)..............................	95 00	63 4
			3. Calice avec patène..............................	210 00	170 0
			4. Ciboire..............................	220 00	146 7
			5. Custode avec vase dans sa tige..............................	35 00	24 0
			6. Plateau de burettes..............................	75 00	50 0
			7. Ostensoir..............................	518 00	345 4
230	Livres liturgiques.........	Nombre.	1. Antiphonaire..............................	5 00	3 4
			2. Canon d'autel avec encadrement..............................	21 00	14 0
			3. *Idem*....... cartonné, noir..............................	6 00	4 0
			4. Graduel..............................	5 00	3 4
			5. Livre vespéral..............................	5 00	3 4
			6. Manuel pour l'administration des sacrements..............................	5 50	3 7
			7. Missel ordinaire..............................	21 00	14 0
			8. *Idem*.. pour les morts..............................	6 00	4 0
			9. Office des morts..............................	2 00	1 4
			10. Psautier..............................	4 00	2 7
			11. Rituel..............................	2 50	1 7
231	Objets mobiliers des chapelles...............	Nombre.	1. Autel avec accessoires..............................	"	"
			2. Aspersoir en cuivre argenté..............................	6 00	4
			3. Bahut en chêne pour la sacristie..............................	"	"
			4. Banc en chêne..............................	26 50	17
			5. Bénitier portatif en cuivre argenté..............................	32 00	22
			6. Bouquets de fleurs artificielles..............................	6 00	4
			7. Cercueil peint en noir pour catafalque..............................	25 00	16
			8. Chandelier d'autel en cuivre argenté, grand..............................	25 50	17
			9. *Idem*................... petit..............................	18 50	12
			10. Chandelier portatif en cuivre argenté..............................	19 00	12
			11. Christ en cuivre argenté..............................	4 00	2

OBSERVATIONS.	DIMENSIONS RÉGLEMENTAIRES.					POIDS RÉGLEMENTAIRE.
	Longueur.	Largeur.	Hauteur.	Épaisseur.	Profondeur.	
	mèt.	mèt.	mèt.	mèt.	mèt.	kil. gr.
....	3 00	0 90				
....	......	......	......	......	......	0 050
....	......	......	......	......	......	0 20905
Doré intérieurement........	......	......	......	......	......	0 500
Idem........	......	......	......	......	......	0 500
Idem........	......	......	......	......	......	0 090
Avec deux tiges pour maintenir les burettes........	......	......	......	......	......	0 16935
....	......	......	......	......	......	1 200
A décompter au prix d'achat.						
....	......	......	......	......	......	0 220
A décompter au prix d'achat.						
Dossier à claire-voie, portant en arrière sur sa longueur une banquette servant de prie-Dieu.						
....	......	......	......	......	......	0 180
En bois de sapin, avec poignée en fer à chaque extrémité.						
....	......	......	0 60	......	......	2 200
....	......	......	0 50	......	......	1 440
....	......	......	0 50	......	......	1 470

NUMÉROS d'ordre par unité simple ou collective.	DÉNOMINATION ET CLASSIFICATION DES MATIÈRES			PRIX DU TARIF au CLASSEMENT.	
	PAR UNITÉ PRINCIPALE, simple ou collective.	UNITÉ réglementaire.	PAR ESPÈCE D'OBJETS.	Neuf.	En service
				fr. c.	fr. c
231 (Suite.)	Objets mobiliers des chapelles............... (Suite.)	Nombre.	12. Christ portatif en cuivre argenté..........................	4 00	2 7
			13. Confessionnal en chêne.....................................	150 00	100 0
			14. Croix d'enterrement en cuivre argenté, avec bâton en cuivre argenté.	63 00	42 0
			15. Croix d'autel en cuivre argenté, grande....................	39 00	26 0
			16. *Idem*..................... petite........................	32 00	22 0
			17. Croix d'autel en chêne, petite, à pied, christ en cuivre argenté...	33 00	22 0
			18. Drap mortuaire en drap noir................................	130 00	86 7
			19. Encensoir en cuivre argenté................................	22 00	14 7
			20. Éteignoir emmanché...	2 50	1 7
			21. Étui pour boîte aux saintes huiles.........................	2 25	1 5
			22. Étui pour calice...	9 00	6 0
			23. Étui pour ciboire..	15 50	10 4
			24. Étui pour custode..	7 00	4 7
			25. Étui pour ostensoir..	25 00	16 7
			26. Lampe d'autel en cuivre argenté, avec chaîne et contre-poids.....	74 00	49 4
			27. Navette pour encensoir, en cuivre argenté..................	2 50	1 7
			28. Pierre sacrée pour l'autel.................................	15 00	10 0
			29. Prie-Dieu en chêne...	30 00	20 0
			30. Pupitre d'autel ou porte-missel en chêne...................	28 00	18 7
			31. Rideaux en percale rouge et à garnitures diverses (le mètre carré)..	2 00	1 3
			32. Sonnette en cuivre argenté.................................	5 00	3 4
			33. Souche en fer-blanc vernissé, grande.......................	3 50	2 4
			34. *Idem*.................... petite.........................	3 00	2 0
			35. Tapis pour dessus d'autel, en serge rouge..................	18 50	12 4
			36. Tapis pour les marches d'autel................. (mètre.)..	4 00	2 7
			37. Tréteaux...	5 00	3 4
			38. Vase en porcelaine pour bouquets artificiels...............	8 00	5 4
232	Tableaux d'église.........	*Idem*...	....	"	"

ARTICLE 4. — MATÉRIEL DU SERVICE GÉNÉRAL.

§ 1er. — MARBRES, PIERRES, ETC.

233	Objets d'art.............	Nombre.	1. Bustes divers..	"	"
234	Fontaines, poêles et objets divers...............	*Idem*...	1. Fontaine filtrante en pierre, de 100 litres...............	40 00	26 7
			2. *Idem*................. de 50................................	24 00	16 0
			3. Pierre pour poêle en faïence, grande.......................	8 50	5 7

OBSERVATIONS.	DIMENSIONS RÉGLEMENTAIRES. Longueur.	Largeur.	Hauteur.	Épaisseur.	Profondeur.	POIDS RÉGLEMENTAIRE.
	mèt.	mèt.	mèt.	mèt.	mèt.	kil. gr.
			0 20			0 150
Hauteur de la croix : 86 centimètres, longueur du bâton 1m,67						2 590
			0 90			3 280
			0 70			2 000
			0 51			
Avec croix en drap blanc	2 80	2 40				
						1 210
						3 200
						0 320
						0 160
			1 15			0 530
			0 90			0 370
L'évaluation de ces tableaux aura lieu à dire d'expert.						
A décompter au prix d'achat.						
	0 88	0 60		0 04		

NUMÉROS d'ordre par unité simple ou collective.	DÉNOMINATION ET CLASSIFICATION DES MATIÈRES — PAR UNITÉ PRINCIPALE, simple ou collective.	UNITÉ réglementaire.	PAR ESPÈCE D'OBJETS.	PRIX DU TARIF AU CLASSEMENT. Neuf.	En service.
				fr. c.	fr. c.
234 (Suite.)	FONTAINES, poêles et objets divers (Suite.)	Nombre.	4. Pierre pour poêle en faïence, moyenne	6 80	4 50
			5. *Idem* petite	4 80	3 20
			6. Poêle rond en faïence, grand	100 00	66 70
			7. *Idem* moyen	95 00	63 35
			8. *Idem* petit	65 00	43 35
	§ 2.—AIRAIN, BRONZE CUIVRE, ÉTAIN ET ZINC.				
235	AIRAIN, bronze et métal de cloche	Kilog.	1. Cloche pour le service intérieur	3 80	2 50
			2. Matrices pour ustensiles en étain		
236	USTENSILES en cuivre rouge, jaune et fonte de cuivre	*Idem.*	1. Baignoire de bras	4 00	2 70
			2. Baignoire de corps		
			3. Baignoire de pieds		
			4. Baignoire de siége		
			5. Bassine à distribution pour la viande et le poisson, avec couvercle, grande		
			6. *Idem* petite		
			7. Bassine à fond plat, de 30 litres		
			8. *Idem* de 15		
			9. Bouilloires diverses		
			10. Casserole ordinaire, avec couvercle, de 20 litres	4 50	3 00
			11. *Idem* de 15	4 00	2 70
			12. *Idem* de 10		
			13. *Idem* de 8		
			14. *Idem* de 6		
			15. *Idem* de 4		
			16. *Idem* de 3		
			17. *Idem* de 2		
			18. *Idem* de 1		
			19. *Idem* de 0,50 centilitres		
			20. Casserole plate, avec couvercle, de 10 litres		
			21. *Idem* de 6		
			22. *Idem* de 4		
			23. *Idem* de 3		
			24. *Idem* de 2		

OBSERVATIONS.	DIMENSIONS RÉGLEMENTAIRES. Longueur.	Largeur.	Hauteur.	Épaisseur.	Profondeur.	POIDS RÉGLEMENTAIRE.
	mèt.	mèt.	mèt.	mèt.	mèt.	kil. gr.
....	0 78	0 54	....	0 04		
....	0 65	0 45	....	0 04		
Avec dessus en marbre, colonne à chapiteau en faïence, bouches de chaleur et cercles en cuivre........	....	0 58				
Idem........	....	0 51				
Idem........	....	0 42				
De 27 centimètres de diamètre à la base.						
Spéciales au magasin central, pour la fabrication des assiettes, gamelles, gobelets, pots à tisanes et crachoirs en étain.						
....	0 64	0 225	0 21	0 001	......	3 700
....	1 475	0 60	0 64	0 001	......	42 000
....	0 46	0 34	0 27	0 0009	......	6 550
....	0 63	0 41	0 11	......	......	10 450
Épaisseur des cuivres. Côtés et fond........ o^{m},00080; Double fond intérieur........ o ,00066; Couvercle........ o ,00080	....	....	....	0 00110	......	10 700
Mêmes épaisseurs que la précédente........	0 30	0 36	0 125	......	......	8 050
Épaisseurs des cuivres. Côtés........ o^{m},00150; Fond........ o ,00250	....	0 43	0 237	......	......	10 800
Mêmes épaisseurs que pour la précédente........	....	0 34	0 18	......	......	6 700
De 2 litres et 1 litre, pesant 550 et 380 grammes.						
Épaisseur du couvercle, o^{m}0015........	....	0 36	0 21	0 0025	......	10 910
Idem........	....	0 33	0 185	0 0025	......	8 290
Idem........	....	0 295	0 17	0 0025	......	6 400
Idem........	....	0 27	0 15	0 0022	......	5 390
Idem........	....	0 255	0 14	0 002	......	4 780
Idem........	....	0 23	0 125	0 0019	......	3 730
Idem........	....	0 195	0 10	0 0015	......	2 940
Idem........	....	0 17	0 095	0 0014	......	1 950
Épaisseur du couvercle, o^{m},0012........	....	0 125	0 08	0 001	......	1 080
Idem........ o ,001	....	0 11	0 065	0 0018	......	0 750
....	....	0 36	0 105	0 0018	......	3 750
....	....	0 295	0 09	0 0018	......	3 800
....	....	0 275	0 075	0 0015	......	3 000
....	....	0 25	0 07	0 0013	......	2 200
....	....	0 215	0 06	0 0012	......	1 500

NUMÉROS d'ordre par unité simple ou collective.	DÉNOMINATION ET CLASSIFICATION DES MATIÈRES. PAR UNITÉ PRINCIPALE, simple ou collective.	UNITÉ réglementaire.	PAR ESPÈCE D'OBJETS.	PRIX DU TARIF au CLASSEMENT. Neuf.	En service.
				fr. c.	fr. c.
			25. Chaudière pour bains, buanderie et à laver la vaisselle avec couvercle.................................. de 2,000 litres.		
			26. *Idem*.................................. de 1,500......		
			27. *Idem*.................................. de 1,000......		
			28. *Idem*.................................. de 500......		
			29. *Idem*.................................. de 300......	4 00	2 70
			30. *Idem*.................................. de 200......		
			31. Cuiller à bouillon de 3 litres..........................		
			32. *Idem*.......... de 2..................................		
			33. *Idem*.......... de 1..................................		
			34. Cuiller pour la buanderie..............................		
			35. Écumoire, grande.....................................		
			36. *Idem*.... moyenne....................................		
236 (Suite.)	Ustensiles en cuivre rouge, jaune et fonte de cuivre... (Suite.)	Kilog..	37. *Idem*.... petite......................................		
			38. Fontaine avec couvercle et cuvette de 10 litres...............	4 50	3 00
			39. Marmite avec couvercle de 200 litres.......................		
			40. *Idem*.............. de 100..............................		
			41. *Idem*.............. de 75..............................		
			42. *Idem*.............. de 50..............................	4 00	2 70
			43. *Idem*.............. de 30..............................		
			44. *Idem*.............. de 20..............................		
			45. Passoire, grande.....................................		
			46. *Idem*.... moyenne....................................		
			47. *Idem*.... petite......................................		
			48. Poissonnière, grande..................................	4 50	3 00
			49. *Idem*........ petite..................................		

OBSERVATIONS.	DIMENSIONS RÉGLEMENTAIRES.					POIDS RÉGLEMENTAIRE.
	Longueur.	Largeur.	Hauteur.	Épaisseur.	Profondeur.	
	mèt.	mèt.	mèt.	mèt.	mèt.	kil. gr.
Épaisseurs des cuivres.... { Fond........ 0m,004 ; Côtés........ 0 003 ; Couvercle........ 0 002 }	....	1 10	2 20	....	......	300 550
Épaisseurs des cuivres.... { Fond........ 0 003 ; Côtés........ 0 002 ; Couvercle........ 0 002 }	....	1 00	2 00	....	......	217 050
Mêmes épaisseurs des cuivres que la précédente........	....	0 90	1 60	....	......	166 720
Idem........	....	0 94	0 75	....	......	114 700
Épaisseurs des cuivres.... { Fond........ 0m,003 ; Côtés........ 0 002 ; Couvercle........ 0 0015 }	....	0 80	0 62	....	......	84 200
Mêmes épaisseurs des cuivres que la précédente........	....	0 70	0 58	....	......	59 500
Avec manche en fer........	....	0 23	0 11	0 002	......	2 800
Idem........	....	0 195	0 095	0 002	......	1 850
Idem........	....	0 135	0 09	0 002	......	1 290
Avec manche en bois........	....	0 23	0 15	0 002	......	2 400
Avec manche en cuivre étamé de 0m,005 d'épaisseur........	0 98	0 36	....	0 002	......	2 050
Idem........	0 76	0 19	....	0 0014	......	1 120
Idem........	0 65	0 15	....	0 0014	......	0 790
Épaisseurs des cuivres.... { Corps et couvercle........ 0m,00085 ; Bande de support........ 0 002 }	....	....	....	....	......	10 500
Idem........ { Fond........ 0 00250 ; Côtés........ 0 00175 ; Couvercle........ 0 00106 }	....	0 75	0 585	....	......	51 650
Idem........ { Fond........ 0 00250 ; Côtés........ 0 00160 ; Couvercle........ 0 00106 }	....	0 52	0 40	....	......	30 800
Mêmes épaisseurs que la marmite de 100 litres........	....	0 48	0 41	....	......	25 650
Idem........	....	0 42	0 37	....	......	18 750
Épaisseurs des cuivres.... { Fond........ 0m,002 ; Côtés........ 0 00160 ; Couvercle........ 0 00136 }	....	0 34	0 35	....	......	9 950
Mêmes épaisseurs que pour la précédente........	....	0 30	0 31	....	......	8 150
....	....	0 29	0 17	0 0016	......	4 650
....	....	0 23	0 15	0 0014	......	3 240
....	....	0 20	0 12	0 001	......	2 250
Avec grille mobile à l'intérieur........	0 60	0 13	0 12	0 00095	......	4 950
Idem........	0 45	0 13	0 10	0 0007	......	3 100

NUMÉROS d'ordre par unité simple ou collective.	DÉNOMINATION ET CLASSIFICATION DES MATIÈRES — PAR UNITÉ PRINCIPALE, simple ou collective.	UNITÉ réglementaire.	PAR ESPÈCE D'OBJETS.	PRIX DU TARIF au CLASSEMENT. Neuf.	En service.
				fr. c.	fr. c.
236 (Suite.)	USTENSILES en cuivre rouge, jaune et fonte de cuivre... (Suite.)	Kilog. .	50. Seau à bouillon, avec couvercle, de 15 litres................	4 50	2 70
			51. Turbotière, grande..	4 50	3 00
			52. *Idem*.... petite..		
237	USTENSILES divers.........	Nombre.	1. Appareil simple, avec réflecteur double pour l'éclairage au gaz....	30 00	20 00
			2. Appareil pour l'éclairage au gaz avec lanterne................	90 00	60 00
			3. Bassinoire..	10 00	6 70
			4. Boîte à marrons..	3 00	3 40
			5. Bougeoir...	2 50	1 70
			6. Cachets divers...	7 00	4 70
			7. Cadenas en cuivre pour sacs et sacoches d'ambulance..........	1 00	0 60
			8. Chiffres et lettres emmanchés divers........................	1 00	0 70
			9. Clairon..	16 00	10 50
			10. Composteur complet avec sa boîte...........................	29 00	19 35
			11. Compteur à gaz de 1 à 10 becs..............................	100 00	66 70
			12. Compte-fils...	10 00	6 70
			13. Cylindre calorifère pour bains.............................	55 00	36 70
			14. Galerie pour cheminée......................................	25 00	16 70
			15. Jeu de chiffres à jour......................................	1 25	0 80
			16. Jeu de lettres à jour.......................................	1 25	0 80
			17. Jeu complet de marques pour la réforme du matériel..........	20 00	13 35
			18. Lampe modérateur pour bureau................................	13 00	8 70
			19. Marrons pour les rondes....................................	0 10	0 07
			20. Plaques diverses pour marquer les colis....................	4 50	3 00
			21. Pompe à main pour arrosage..................................	12 00	8 00
			22. Poulies diverses...	1 50	1 00
			23. Réverbère, grand..	45 00	30 00
			24. *Idem*..... moyen...	35 00	23 50
			25. *Idem*..... petit..	30 00	20 00
			26. Robinets divers...	6 00	4 00
			27. Suspension pour lampe veilleuse............................	4 00	2 70
			28. Suspension pour lampe modérateur avec chaîne et contre-poids....	12 50	8 35
			29. Tringle croisée en fil de laiton...........................	0 50	0 35
238	USTENSILES en étain........	Nombre.	Table égouttoir pour la cuisine..............................	260 00	173 35
239	*Idem*....................	Nombre.	Lampe à main..	1 25	0 80

OBSERVATIONS.	DIMENSIONS RÉGLEMENTAIRES. Longueur.	Largeur.	Hauteur.	Épaisseur.	Profondeur.	POIDS RÉGLEMENTAIRE.
	mèt.	mèt.	mèt.	fr. c.	fr. c.	kil. gr.
Terminé dans le bas par un cercle pour préserver le fond	......	0 25	0 33	0 000 85	......	4 300
......	......	......	......	0 000 9	......	5 300
......	......	......	......	0 000 7	......	4 910
......	......	......	......	......	......	1 170
......	......	......	......	......	......	0 220
......	......	......	......	......	......	0 310
Du modèle général	......	......	......	......	......	0 550
......	......	......	......	......	......	3 880
Spécial au magasin central pour la vérification des toiles	......	......	......	......	......	0 050
Spécial aux infirmeries régimentaires	......	......	......	......	......	22 400
Avec sa boîte	......	......	......	......	......	2 060
Sans ornements, unie, et du calibre de 13 lignes (ou 29 millimètres)	......	......	......	......	......	1 100
......	......	......	......	......	......	1 350
A 4 becs, avec réflecteur. La hauteur déterminée est celle des verres	......	......	0 285	......	......	6 050
A 2 becs, *idem*	......	......	0 235	......	......	4 050
Idem	......	......	0 185	......	......	3 600
Du diamètre 0m030, 0m020, 0m014 et 0m008 pesant 1k800, 1k200, 0k410 et 0k300.						
En forme de lyre	......	......	......	......	......	0 630
......	......	......	......	......	......	2 450
Recouverte d'une feuille d'étain de 0m004 d'épaisseur	1 50	1 00	......	0 05		
Avec manche en bois	......	0 065	......	......	......	0 190

NUMÉROS d'ordre par unité simple ou collective.	DÉNOMINATION ET CLASSIFICATION DES MATIÈRES			PRIX DU TARIF au CLASSEMENT.	
	PAR UNITÉ PRINCIPALE, simple ou collective.	UNITÉ réglementaire.	PAR ESPÈCE D'OBJETS.	Neuf.	En service.
				fr. c.	fr. c.
240	USTENSILES en zinc.........	Nombre.	1. Arrosoir de jardin..	6 00	4 00
			2. Baignoire de bras..	8 00	5 40
			3. Baignoire de corps..	60 00	40 00
			4. Baignoire de pieds..	6 00	4 00
			5. Baignoire de siége..	16 00	10 70
			6. Broc..	4 50	3 00
			7. Contre-poids pour lampes à suspension....................	2 00	1 40
			8. Numéros pour les chemises des entrants....................	0 03	0 02
			9. Numéros avec chaînette pour les magasins..................	0 03	0 02
			10. Tuyaux conducteurs d'eau (le mètre)......................	0 80	0 50

§ 3. — FER-BLANC, FER FORGÉ, FER NOIR, FONTE DE FER ET TÔLE.

NUMÉROS	PAR UNITÉ PRINCIPALE	UNITÉ	PAR ESPÈCE D'OBJETS	Neuf.	En service.
241	USTENSILES en fer-blanc.....	Nombre.	1. Arrosoir de salle de 3 litres............................	1 50	1 00
			2. Boîte d'appareil, carrée, avec couvercle..................	0 70	0 50
			3. *Idem*......... rectangulaire, sans couvercle..............	0 70	0 50
			4. Boîte à compartiments pour épices........................	3 00	2 00
			5. Boîte pour allumettes....................................	0 40	0 25
			6. Boîte à tampon pour timbre................................	10 00	6 70
			7. Burette pour l'huile à brûler, de 6 litres................	6 00	4 00
			8. *Idem*.................. de 4..............................	4 00	2 70
			9. *Idem*.................. de 2..............................	3 00	2 00
			10. Cafetière à filtrer, de 25 tasses........................	12 00	8 00
			11. *Idem*.......... de 12...................................	8 00	5 40
			12. *Idem*.......... de 6....................................	5 00	3 40
			13. Entonnoir ordinaire, de 3 litres..........................	2 50	1 70
			14. *Idem*............ de 2..................................	2 00	1 40
			15. *Idem*............ de 1..................................	1 50	1 00
			16. Étui pour pierre à repasser...............................	1 50	1 00
			17. Lanterne avec accessoire, dite *manchon*..................	7 00	4 70
			18. Lanterne portative avec lampe ou bougie...................	4 00	2 70
			19. Main à denrées, grande....................................	3 00	2 00
			20. *Idem*......... petite....................................	2 00	1 40
			21. Panier d'allumeur...	25 00	16 70
			22. Passoire, petite..	3 00	2 00
			23. Pompe à vin, arquée.......................................	4 50	3 00

OBSERVATIONS.	DIMENSIONS RÉGLEMENTAIRES.					POIDS RÉGLEMENTAIRE.
	Longueur.	Largeur.	Hauteur.	Épaisseur.	Profondeur.	
	mèt.	mèt.	mèt.	mèt.	mèt.	kil. gr.
Avec le dessus de la pomme en cuivre	......	......	......	......	......	2 850
Destinée aux infirmiers régimentaires	0 78	......	0 185	......	......	2 200
Idem	1 40	......	0 62	......	......	30 500
Idem	......	......	......	......	......	2 250
Idem	......	......	......	......	......	7 800
......	......	......	......	......	......	1 200
Boîte cylindrique garnie de morceaux de plomb	......	......	......	......	......	0 100
......	......	......	......	......	......	0 080
......	0 08	0 08	0 06	......	......	0 110
......	0 167	0 081	0 06	......	......	0 170
......	0 19	0 185	0 075	......	......	0 850
......	0 08	0 08	0 06	......	......	0 110
Avec couvercle à charnière	......	......	......	......	......	1 080
Idem	......	......	......	......	......	0 900
Idem	......	......	......	......	......	0 660
......	......	0 220	......	......	......	0 500
......	......	0 190	......	......	......	0 370
......	......	0 16	......	......	......	0 300
......	......	0 165	0 022			
Hauteur et diamètre du verre demi-cylindrique	......	0 09	0 165	......	......	1 990
Dimensions du verre	......	......	......	......	......	0 880
Avec manche rond en fer-blanc	......	......	......	......	......	0 450
Idem	......	......	......	......	......	0 270
Double fond mobile grillagé	0 61	0 31	0 245	......	......	7 350
......	......	......	......	......	......	0 350
......	......	......	......	......	......	0 900

NUMÉROS d'ordre par unité simple ou collective.	DÉNOMINATION ET CLASSIFICATION DES MATIÈRES — PAR UNITÉ PRINCIPALE, simple ou collective.	UNITÉ réglementaire.	PAR ESPÈCE D'OBJETS.	PRIX DU TARIF au CLASSEMENT. Neuf.	En service.
				fr. c.	fr. c.
			24. Pompe à vin, droite	1 00	0 70
241 (Suite.)	USTENSILES en fer-blanc..... (Suite.)	Nombre.	25. Réflecteur à lampe veilleuse	0 25	0 75
			26. Urne pour les concours, peinte à l'huile	25 00	16 70
			1. Aiguille à emballer et de matelassier	1 00	0 70
			2. Brûloir à café de 3 kilogrammes	20 00	13 40
			3. *Idem*....... de 1 kilogramme	7 50	5 00
			4. Cadenas, grand	1 50	1 00
			5. *Idem*.... moyen	1 00	0 70
			6. *Idem*.... petit	0 70	0 50
			7. Casse-noisettes	2 00	1 40
			8. Chenets de cheminée à pommes de cuivre (Paire de)	6 00	4 00
			9. Ciseaux (Paire de), grands	3 00	2 00
			10. *Idem*.......... petits	2 50	1 70
			11. Ciseaux à lampe	1 75	1 20
			12. Claie à charbon	60 00	40 00
			13. Clef à écrous pour lit en fer	3 25	2 15
			14. Coffre-fort	150 00	100 00
			15. Couperet, grand	15 00	10 00
242	OBJETS en fer et en tôle.....	*Idem*...	16. Couperet, petit	11 00	7 40
			17. Couteau de boucherie	2 80	1 90
			18. Couteau de cuisine à abattre, grand	4 00	2 70
			19. *Idem*.......... à émincer, grand	4 00	2 70
			20. *Idem*.................. moyen	3 00	2 00
			21. *Idem*.................. petit	1 25	0 80
			22. Couteau de dépense	15 00	10 00
			23, Couteau à découper	3 00	2 00
			24. Couteau à éplucher les légumes	1 50	1 00
			25. Couteau à sucre	2 00	1 40
			26. Couteau de table, grand	1 00	0 70
			27. *Idem*......... petit	0 80	0 50
			28. Crémaillère de campagne	3 00	2 00
			29. Crochet de boucherie, à mailles et à crans	0 50	0 35
			30. Crochet de camionneur	2 00	1 40
			31. Étiquettes pour jardin botanique	0 70	0 45

OBSERVATIONS.	DIMENSIONS RÉGLEMENTAIRES.					POIDS RÉGLEMENTAIRE.
	Longueur.	Largeur.	Hauteur.	Épaisseur.	Profondeur.	
	mèt.	mèt.	mèt.	mèt.	mèt.	kil. gr.
......	......	......	......	......	......	0 130
......	......	0 117	......	......	......	0 040
Avec filets dorés......	......	......	......	......	......	1 350
......	......	......	......	......	......	0 030
......	......	......	......	......	......	20 300
......	......	......	......	......	......	3 200
......	......	0 08	......	......	......	0 400
......	......	0 07	......	......	......	0 200
......	......	0 05	......	......	......	0 100
......	......	......	......	......	......	0 150
......	0 35	......	......	......	......	5 430
......	0 20	......	......	......	......	0 090
......	0 165	......	......	......	......	0 060
......	......	......	......	......	......	0 120
Longueur de lame......	0 20	......	......	......	......	3 430
Idem......	0 165	......	......	......	......	2 480
Idem......	0 25	......	......	......	......	0 190
Idem......	0 25	......	......	......	......	0 400
Idem......	0 25	......	......	......	......	0 140
Idem......	0 20	......	......	......	......	0 150
Idem......	0 15	......	......	......	......	0 500
Longueur de lame, emmanché sur une tige en fer à une planchette......	0 45	......	......	......	......	4 200
Longueur de lame......	0 18	......	......	......	......	0 090
Idem......	0 108	......	......	......	......	0 060
Idem......	0 135	......	......	......	......	0 050
......	0 10	......	......	......	......	0 030
......	......	......	......	......	......	0 700
A 4 mailles, du poids de 200 grammes, et à trois crans, du poids de 400 grammes.						
......	......	......	......	......	......	0 370

NUMÉROS d'ordre par unité simple ou collective.	DÉNOMINATION ET CLASSIFICATION DES MATIÈRES — PAR UNITÉ PRINCIPALE, simple ou collective.	UNITÉ réglementaire.	PAR ESPÈCE D'OBJETS.	PRIX DU TARIF DU CLASSEMENT. — Neuf.	En service.
				fr. c.	fr. c.
			32. Étouffoir en tôle forte	8 00	5 4
			33. Fer à repasser, n° 5 (modèle Potoine)	1 50	1 0
			34. Feuille de boucherie	6 00	4 0
			35. Foret de tonnelier	2 00	1 4
			36. Fourche ou trident emmanché	3 50	2 3
			37. Fourchette de cuisine, grande	8 00	5 4
			38. *Idem* moyenne	7 00	4 70
			39. *Idem* petite	5 00	3 4
			40. Fourchette à découper	3 00	2 00
			41. Fourchette à distribution	5 00	3 40
			42. Four de campagne en tôle forte	4 00	2 70
			43. Fourgon emmanché pour fourneaux, grands	6 00	4 00
			44. *Idem* ordinaires	4 00	2 70
			45. Fusil de boucherie	2 50	1 70
			46. Garde-cendres en tôle, pour poêles, grand	3 00	2 00
			47. *Idem* moyen	2 70	1 80
			48. *Idem* petit	2 50	1 70
242 (Suite.)	OBJETS en fer et en tôle (Suite.)	Nombre	49. Garde-étincelles à 5 feuilles	7 00	4 70
			50. Gril à côtelettes, grand	5 50	3 70
			51. *Idem* moyen	3 00	2 00
			52. *Idem* petit	1 80	1 20
			53. Hachoir	3 00	2 00
			54. Lardoire	0 50	0 35
			55. Marques à chaud (H. M.)	5 00	3 40
			56. Merlin emmanché	10 00	6 70
			57. Moule d'emballage à 4 plombs	50 00	33 35
			58. *Idem* à 2	40 00	26 70
			59. Moulin à café, poivre, etc.	15 00	10 00
			60. Pelle à charbon emmanchée	6 00	4 00
			61. Pelle à feu pour cheminée et poêle	2 50	1 70
			62. *Idem* pour fourneau	1 70	1 10
			63. Pelle à main en tôle forte	2 00	1 40
			64. Piége à rats	2 50	1 70
			65. Pincette pour cheminée et poêle	2 50	1 70
			66. Pincette pour fourneau	1 70	1 10

OBSERVATIONS.	DIMENSIONS RÉGLEMENTAIRES. Longueur.	Largeur.	Hauteur.	Épaisseur.	Profondeur.	POIDS RÉGLEMENTAIRE.
	mèt.	mèt.	mèt.	mèt.	mèt.	kil. gr.
......	......	0 30	0 375	......	......	4 900
......	......	......	......	......	......	1 400
Longueur de la lame avec manche en bois......	......	0 28	0 125	......	......	0 800
......	......	......	......	......	......	2 350
......	0 67	......	......	......	......	1 160
......	0 70	......	......	......	......	0 990
......	0 55	......	......	......	......	0 620
......	......	......	......	......	......	0 100
......	0 295	......	......	......	......	0 280
Longueur de la tige en fer......	0 82	......	......	......	......	2 700
Idem......	0 60	......	......	......	......	2 250
......	0 40	......	......	......	......	0 350
......	......	......	......	......	......	1 370
......	......	......	......	......	......	1 060
......	......	......	......	......	......	0 830
......	0 44	0 425	......	......	......	3 450
......	0 35	0 30	......	......	......	1 570
......	0 28	0 25	......	......	......	1 190
Dimensions de la lame......	0 37	......	......	......	......	0 400
......	0 30	......	......	......	......	0 020
Longueur de la tige en fer, avec manche en bois......	0 365	......	......	......	......	0 530
......	......	......	......	......	......	5 050
......	......	......	......	......	......	2 130
......	......	......	......	......	......	1 560
Enveloppe en tôle fonte, avec son armature en fer......	......	......	......	......	......	4 000
Manche en bois terminé par une poignée......	......	0 23	0 30	......	......	1 800
......	0 64	......	......	......	......	0 480
......	0 68	......	......	......	......	0 790
......	0 271	0 20	......	......	......	0 940
......	......	......	......	......	......	0 560
......	0 64	......	......	......	......	0 630
......	0 70	......	......	......	......	1 310

NUMÉROS d'ordre par unité simple ou collective.	DÉNOMINATION ET CLASSIFICATION DES MATIÈRES			PRIX DU TARIF au CLASSEMENT.	
	PAR UNITÉ PRINCIPALE, simple ou collective.	UNITÉ réglementaire.	PAR ESPÈCE D'OBJETS.	Neuf.	En service.
				fr. c.	fr. c.
242 (Suite.)	OBJETS en fer et en tôle..... (Suite.)	Nombre.	67. Piton de tringle	0 20	0 14
			68. Plateau en tôle vernissée	4 00	2 70
			69. Pince à plomber les colis	45 00	30 00
			70. Poêle à frire, grande	4 00	2 70
			71. *Idem*...... moyenne	2 50	1 70
			72. *Idem*....... petite	2 00	1 40
			73. Poinçon pour marquer les métaux	0 90	0 60
			74. Réchaud ordinaire en tôle	4 00	2 70
			75. Scie de boucherie	7 50	5 00
			76. Seau à charbon en tôle forte	5 00	3 40
			77. Tire-bouchon	2 00	1 40
			78. Tisonnier, grand	4 00	2 70
			79. *Idem*..... moyen	3 00	2 00
			80. *Idem*..... petit	1 50	1 00
243	MACHINES diverses	*Idem*...	1. Buanderies portatives diverses	"	"
			2. Dynamomètre (système Perrot)	350 00	233 35
			3. Machine à couper le pain pour la soupe	200 00	133 35
			4. Machine à découper les bandes	2,400 00	1,600 00
			5. Machine à feutrer le linge	527 00	351 00
			6. Machine à peigner la laine	"	"
			7. Machines diverses à vapeur	"	"
			8. Métier à repasser les instruments de chirurgie	500 00	334 00
			9. Métier à rouler les bandes	75 00	50 00
			10. Presse pour marquer l'étain	70 00	47 00
			11. Tourne-broche avec accessoires	307 00	205 00
244	USTENSILES et objets en fer forgé	*Idem*...	1. Armatures diverses	1 20	0 80
			2. Coins divers pour fendre le bois		
			3. Tringles de croisées et autres		
			4. Trépieds et chevrettes		
245	USTENSILES et objets en fer battu, étamé	*Idem*...	1. Bassines à distribution	14 00	9 40
			2. Casserolles de 4 litres	3 50	2 35
			3. *Idem*..... de 3	3 00	2 00
			4. *Idem*..... de 2	2 25	1 50
			5. *Idem*..... de 1	1 50	1 00

OBSERVATIONS.	DIMENSIONS RÉGLEMENTAIRES. Longueur.	Largeur.	Hauteur.	Épaisseur.	Profondeur.	POIDS RÉGLEMENTAIRES.
	mèt.	mèt.	mèt.	mèt.	mèt.	kil. gr.
A filets dorés	0 51	0 41	......	......	......	1 140
......	......	......	......	......	......	3 250
......	......	0 40	......	......	......	3 300
......	......	0 35	......	......	......	2 600
......	......	0 30	......	......	......	1 600
......	0 065	0 01	0 01	......	......	0 050
......	......	......	......	......	......	2 450
Longueur de la lame	0 49	......	......	......	......	0 950
......	......	0 27	......	......	......	2 400
Longueur de la tige; est entièrement en fer	0 10	......	......	......	......	0 060
......	0 95	......	......	......	......	2 500
......	0 80	......	......	......	......	2 150
......	0 55	......	......	......	......	1 030
A décompter au prix d'achat.						
Spécial au magasin central.						
A décompter au prix d'achat.						
Idem.						
A compartiments; pour les hôpitaux temporaires	0 61	0 40	0 10	......	......	3 900
Pour hôpitaux temporaires	......	0 225	0 11	......	......	0 980
Idem	......	0 205	0 10	......	......	0 790
Idem	......	0 185	0 088	......	......	0 640
Idem	......	0 14	0 078	......	......	0 370

NUMÉROS d'ordre par unité simple ou collective.	DÉNOMINATION ET CLASSIFICATION DES MATIÈRES — PAR UNITÉ PRINCIPALE, simple ou collective.	UNITÉ réglementaire.	PAR ESPÈCE D'OBJETS.	PRIX DU TARIF au CLASSEMENT. Neuf.	En service.
				fr. c.	fr. c.
245 (Suite.)	Ustensiles et objets en fer battu, étamé........... (Suite.)	Nombre.	6. Cuiller à bouillon	2 00	1 40
			7. Cuiller à ragoût	0 50	0 35
			8. Écumoire	1 25	0 80
			9. Égouttoir	13 00	8 70
			10. Gamelles à pansement	2 50	1 70
			11. Lèchefrite	7 00	4 70
			12. Marmites de 25 à 30 litres	18 00	12 00
			13. *Idem*.... de 15 à 20	12 00	8 00
			14. Plats ronds et ovales; grands	1 70	1 10
			15. *Idem*............ moyens	1 70	1 10
			16. *Idem*............ petits	1 70	1 10
			17. Râpes	1 00	0 70
			18. Rôtissoire, grande	18 00	12 00
			19. *Idem*..... petite	12 00	8 00
			20. Seau à bouillon, avec couvercle, de 15 litres	13 50	9 00
			21. Seau ordinaire, sans couvercle, de 15 litres	12 00	8 00
			22. *Idem*.................. de 10	10 00	7 00
			23. Tamis en toile métallique pour bouillon	6 00	4 00
246	Ustensiles en fonte de fer...	*Idem*...	1. Baignoire en fonte émaillée	170 00	114 00
			2. Fourneaux de cuisine et autres	"	"
247	*Idem*	Kilog...	1. Coquille à rôtir 2. Grille pour fourneau 3. Poêles divers	0 60	0 40
248	Ustensiles en tôle forte....	*Idem*...	1. Calorifères divers 2. Tuyaux de poêle, coudes, T, etc.	1 20	0 80

§ 4. — BOIS, OSIER ET CARTON.

NUMÉROS	PAR UNITÉ PRINCIPALE	UNITÉ	PAR ESPÈCE D'OBJETS	Neuf.	En service.
249	Objets en bois...........	Nombre.	1. Appareil de chirurgien d'hôpital	10 00	6 70
			2. Appareil de pharmacien	6 00	4 00
			3. Appareil à distribution	9 00	6 00
			4. Applique pour lampe-veilleuse	1 70	1 15
			5. Baignoire cerclée en fer, peinte à l'huile	65 00	43 35
			6. Baquet cerclé en fer, grand	8 00	5 35
			7. *Idem*............ petit	6 00	4 00

OBSERVATIONS	DIMENSIONS RÉGLEMENTAIRES.					POIDS RÉGLEMENTAIRE.
	Longueur.	Largeur.	Hauteur.	Épaisseur.	Profondeur.	
	mèt.	mèt.	mèt.	mèt.	mèt.	kil. gr.
....	......	0 13	......	......	......	0 510
....	......	......	......	......	......	0 070
....	0 46	0 13	......	......	......	0 210
....	......	0 50	0 65	......	......	3 200
....	0 65	0 40	0 045	......	......	2 230
....	......	......	......	......	......	0 750
....	......	......	......	......	......	0 450
....	......	......	......	......	......	0 180
....	0 21	0 07	......	......	......	0 250
....	......	......	......	......	......	4 200
....	......	......	......	......	......	3 170
Garni par le bas d'un cercle de fer plat pour préserver le fond (pour hôpitaux temporaires surtout)........	......	0 27	0 31	......	......	3 540
Idem........	......	0 27	0 31	......	......	2 210
....	......	0 295	0 155	......	......	1 00
Pour bains sulfureux........	1 505	0 62	0 76			
A décompter au prix d'achat.						
En bois de hêtre........	0 562	0 375	0 08			
Idem........	0 735	0 54	0 77			
En bois de hêtre avec double fond mobile........	0 94	0 63	0 12			
En chêne, peinte à l'huile, avec son armature en fer........	......	0 13	0 25			
Idem........	1 35	......	0 63			
Idem........	......	0 60	0 44			
Idem........	......	0 55	0 30			

NUMÉROS d'ordre par unité simple ou collective.	DÉNOMINATION ET CLASSIFICATION DES MATIÈRES — PAR UNITÉ PRINCIPALE, simple ou collective.	UNITÉ réglementaire.	PAR ESPÈCE D'OBJETS.	PRIX DU TARIF au CLASSEMENT. Neuf.	En service.
				fr. c.	fr. c.
			8. Baril à denrées, cerclé en fer, peint à l'huile, grand	20 00	13 35
			9. *Idem* moyen	18 00	12 00
			10. *Idem* petit	15 00	10 00
			11. Barrique ordinaire	12 00	8 00
			12. Billot de cuisine en racine d'orme ou de hêtre, grand	40 00	27 00
			13. *Idem* moyen	25 00	16 70
			14. *Idem* petit	18 00	12 00
			15. Boîtes diverses garnies en peau pour couverts	12 00	8 00
			16. *Idem* pour cuillers à café	9 00	6 00
			17. *Idem* pour couteaux de table	6 00	4 00
			18. Boîtes diverses	1 50	1 00
			19. Boîte de laveuse	2 50	1 70
			20. Boîte aux lettres	5 00	3 40
			21. Boîte à sel	2 50	1 70
			22. Boîte à réverbère	2 00	1 40
			23. Boîte à compartiments pour hôpitaux temporaires	3 65	2 80
			24. Brancard pour malades	22 00	14 70
			25. Broc cerclé en fer, de 10 litres	6 00	4 00
249 (Suite.)	OBJETS en bois (Suite.)	Nombre.	26. Cadre grillagé pour les ordres	7 50	5 00
			27. Caisses assemblées et ferrées pour hôpitaux temporaires	16 00	11 00
			28. Cardes pour la laine (paire)	5 00	3 40
			29. Caisses à compartiments pour caissons	30 00	20 00
			30. Chevalet à lessive, en hêtre, grand	30 00	20 00
			31. *Idem* moyen	25 00	16 70
			32. *Idem* petit	18 00	12 00
			33. Chevalet pour métrer les couvertures	50 00	33 40
			34. Chevalet à scier le bois	1 25	0 80
			35. Chevalet pour tableau à démonstration	6 00	4 00
			36. Civière de magasin	20 00	13 35
			37. Crachoir de 40 centimètres carrés	2 00	1 40
			38. *Idem* ... de 25	1 20	0 80
			39. Crochet de porteur, garni de bretelles	12 00	8 00
			40. Cuvier à lessive, en sapin, cerclé en fer, de $2^m,00$ de diamètre	180 00	120 00
			41. *Idem* de $1^m,50$	65 00	43 40
			42. *Idem* de $1^m,00$	35 00	23 40
			43. *Idem* de $0^m,75$	12 00	8 00

OBSERVATIONS.	DIMENSIONS RÉGLEMENTAIRES.					POIDS RÉGLEMENTAIRE.
	Longueur.	Largeur.	Hauteur.	Épaisseur.	Profondeur.	
	mèt.	mèt.	mèt.	mèt.	mèt.	kil. gr.
Avec couvercle cadenassé pour les hôpitaux temporaires	....	0 50	0 784			
Idem	....	0 40	0 70			
Idem	....	0 35	0 60			
	....	0 50	0 75			
	....	0 40	0 75			
	....	0 30	0 75			
De 6 et 12 couverts.						
De 12 et 24 cuillers.						
De 12 et 24 couteaux.						
En hêtre.						
En hêtre avec serrure.						
En hêtre.						
En bois blanc, peinte à l'huile.						
En bois blanc avec couvercle.						
En bois blanc, peint à l'huile.						
	3 00	....	1 00			
	2 25	....	1 00			
	1 50	....	1 00			
Spécial au magasin central	3 00	....	1 42			
En frêne.						
Idem	....	....	1 80			
Idem.						
En sapin, peint à l'huile.						
Idem.						
A crochets articulés.						
	....	....	1 20	0 07		
	....	....	0 90	0 05		
	....	....	0 75	0 05		
	....	....	0 60	0 04		

NUMÉROS d'ordre par unité simple ou collective.	DÉNOMINATION ET CLASSIFICATION DES MATIÈRES — PAR UNITÉ PRINCIPALE, simple ou collective.	UNITÉ réglementaire.	PAR ESPÈCE D'OBJETS.	PRIX DU TARIF au CLASSEMENT. Neuf.	En service.
				fr. c.	fr. c.
249 (Suite.)	OBJETS en bois............ (Suite.)	Nombre.	44. Fourche..	1 50	1 0
			45. Garde-manger..	25 00	16 7
			46. Masse en racine d'orme, cerclée de fer....................	4 00	2 7
			47. Métier à matelas..	13 00	8 7
			48. Planchette pour les bains, peinte à l'huile...............	1 50	1 0
			49. Planchette à consigne.....................................	1 00	0 7
			50. Planchette à hacher.......................................	3 00	2 0
			51. Planchette numérotée pour les billets de salle............	1 00	0 7
			52. Planchette pour les repas, peinte à l'huile...............	1 50	1 0
			53. Planchette à visite, garnie d'encriers....................	1 50	1 0
			54. Portemanteau, traverse en chêne (le champignon)...........	0 35	0 2
			55. Porte-hampe de brancard...................................	15 00	10 0
			56. Pupitre de bureau en chêne................................	6 00	4 0
			57. Seau cerclé en fer..	4 00	2 7
			58. Soufflet de cheminée......................................	2 25	1 5
			59. Soufflet de fourneau et d'atelier.........................	8 00	5 3
			60. Souricière à trappe.......................................	0 70	0 5
			61. Tableau pour les démonstrations...........................	12 00	8 0
			62. Tonneaux cerclés en fer, de 50 litres, avec chaînettes....	18 00	12 00
			63. Trépied pour cuvier à lessive, grand......................	12 00	8 00
			64. *Idem*.................. moyen..............................	10 00	7 00
			65. *Idem*.................. petit..............................	8 00	5 00
			66. Tréteaux pour échafaudage.................................	15 00	10 00
			67. Tréteaux de tables diverses...............................	5 00	3 40
			68. Urinoir cerclé en fer, peint à l'huile....................	20 00	13 40
250	BANCS, siéges et tables de toutes sortes...........	*Idem*...	1. Banc ordinaire en chêne, grand...........................	15 00	10 00
			2. *Idem*............... moyen.................................	10 00	7 00
			3. *Idem*............... petit.................................	8 00	5 00
			4. Banc à dossier, en chêne, grand...........................	25 00	16 70
			5. *Idem*............... moyen.................................	20 15	13 40
			6. *Idem*............... petit.................................	15 00	10 00
			7. Banc de jardin, avec armature en fer......................	20 00	13 40
			8. Chaise en frêne verni, foncée en canne....................	7 00	4 70
			9. *Idem*............. foncée en paille fine...................	7 00	4 70
			10. *Idem*............. foncée en paille ordinaire.............	3 50	2 35

OBSERVATIONS.	DIMENSIONS RÉGLEMENTAIRES.					POIDS RÉGLEMENTAIRE.
	Longueur.	Largeur.	Hauteur.	Épaisseur.	Profondeur.	
	mèt.	mèt.	mèt.	mèt.	mèt.	kil. gr.
....	0 60	0 60	0 60			
Muni de 15 crochets en fer sur chaque côté, et de 9 sur sa longueur........	2 30	1 50				
En bois blanc, peinte à l'huile........	0 40	0 30				
En bois blanc.						
En hêtre.						
En chêne, cintrée par le haut, à deux encadrements, l'un pour le billet de salle, l'autre pour une étiquette mobile portant désignation de l'arme à laquelle appartient le malade........	0 385	0 24	0 385			
Peinte à l'huile et en sapin........	0 42	0 35				
En sapin, avec alaises en hêtre emboitées par les bouts.						
....	0 30	0 30 de diamètre				
En chêne, peint à l'huile........	......	1 10	1 00			
Idem.						
Longueur de la grande traverse........	1 20					
Idem........	1 00					
Idem........	0 80					
En sapin........	2 80	....	1 50			
Idem........	0 60	....	0 75			
Pour les salles........	3 00	0 30	....	0 03		
Idem........	2 00	0 30	....	0 03		
Idem........	1 50	0 30	....	0 03		
Le dossier sera toujours à claire-voie........	3 00	0 365	....	0 03		
Idem........	2 00	0 40	....	0 03		
Idem........	1 50	0 40	....	0 03		
Planches en chêne, peintes à l'huile........	2 09	0 40				

NUMÉROS d'ordre par unité simple ou collective.	DÉNOMINATION ET CLASSIFICATION DES MATIÈRES			PRIX DU TARIF DE CLASSEMENT.	
	PAR UNITÉ PRINCIPALE, simple ou collective.	UNITÉ réglementaire.	PAR ESPÈCE D'OBJETS.	Neuf.	E… servic
				fr. c.	fr. c.
250 (Suite.)	Bancs, siéges et tables de toutes sortes............ (Suite.)	Nombre.	11. Chaise percée en chêne..................................	24 00	16 0
			12. Escabeau..	3 00	2 0
			13. Fauteuil en chêne, à bascule, pour officiers de garde...........	125 00	83 4
			14. Fauteuil de bureau, recouvert en cuir vert..................	60 00	40 0
			15. Fauteuil à la Voltaire, recouvert en cuir noir maroquiné........	100 00	66 7
			16. Fauteuil en frêne, foncé en canne.......................	24 00	16 0
			17. Pupitre de bureau pour écrire droit.......................	45 00	30 0
			18. Table de cuisine et de boucherie en hêtre, grande............	65 00	43 0
			19. *Idem*............................ moyenne...........	55 00	36 0
			20. *Idem*............................ petite.............	36 00	24 0
			21. Table à jeux..	40 00	26 7
			22. Table ordinaire en chêne poli, de 3m,00...................	80 00	54 0
			23. *Idem*.................. de 2m,00...................	60 00	40 0
			24. *Idem*.................. de 1m,40...................	50 00	34 0
			25. *Idem*.................. de 1m,00...................	40 00	26 7
			26. Table ovale pour salle de conférences, en chêne...............	55 00	36 7
			27. Table de nuit en chêne verni, avec dessus de marbre, pour officiers.	35 00	23 3
			28. *Idem*................................. pour soldats.	25 00	16 7
			29. Table ronde en chêne pour salle à manger..................	85 00	56 7
			30. Table d'opération, à dossier...........................	20 00	14 0
			31. Table avec pied, à X.................................	9 50	6 0
			32. Tables diverses......................................	"	"
251	Meubles meublants........	*Idem*...	1. Armoire ordinaire en chêne, à double battant, grande..........	150 00	100 0
			2. *Idem*............................... moyenne.........	120 00	80 0
			3. *Idem*............................... petite...........	85 00	56 6
			4. Buffet de salle à manger..............................	175 00	116 7
			5. Commode-lavabo en chêne pour officiers...................	100 00	66 6
			6. Commode ordinaire en noyer pour les sœurs.................	60 00	40 0
			7. Feuille de paravent..................................	4 00	2 7
			8. Flambeau..	"	"
			9. Glace...	"	"
			10. Œil-de-bœuf.......................................	85 00	56 7
			11. Pendule d'Allemagne.................................	30 00	20 0
			12 Secrétaire en noyer pour les sœurs.......................	90 00	60 0

OBSERVATIONS.	DIMENSIONS RÉGLEMENTAIRES. Longueur.	Largeur.	Hauteur.	Épaisseur.	Profondeur.	POIDS RÉGLEMENTAIRE.
	mèt.	mèt.	mèt.	mèt.	mèt.	kil. gr.
En chêne.						
....	3 00	0 78	......	0 12		
....	2 25	0 78	......	0 12		
....	1 50	0 78	......	0 12		
En chêne poli, recouverte en drap vert.						
....	3 00	1 49	......	0 04		
....	2 00	1 00	......	0 03		
....	1 40	0 80	......	0 03		
....	1 00	0 70	......	0 03		
....	......	0 37	0 785	......	0 33	
....	......	0 38	0 782	......	0 30	
Avec trois rallonges en sapin, alaisées en chêne........	......	1 20				
A décompter au prix d'achat.						
Avec corniche de 10 centimètres de hauteur et pieds de 5 centimètres, portes et côtés formant panneaux et rayons en sapin alaisé en chêne posés sur crémaillère.	......	1 20	2 30	......	0 60	
Idem (sauf la corniche qui aura 8 centimètres de champ)........	......	1 10	2 00	......	0 50	
Idem (sauf la corniche qui aura 6 centimètres de champ)........	......	1 00	1 50	......	0 40	
En chêne poli.						
Avec trois tiroirs fermant à clef, le premier à trois compartiments à moulures, sans baguettes et à roulettes, la partie supérieure mobile avec ferrements à compas, intérieurement garnie en marbre, le couvercle à charnière porte une glace encadrée intérieurement........	......	0 60 de corps.	......	......	0 42 de corps.	
A décompter au prix d'achat.						
Idem.						
Diamètre du cadran, avec coffre en bois blanc plaqué en chêne........	......	0 24				

NUMÉROS d'ordre par unité simple ou collective.	DÉNOMINATION ET CLASSIFICATION DES MATIÈRES			PRIX DU TARIF au CLASSEMENT.	
	PAR UNITÉ PRINCIPALE, simple ou collective.	UNITÉ réglementaire.	PAR ESPÈCE D'OBJETS.	Neuf.	En service
				fr. c.	fr. c.
252	JEUX divers	Nombre.	1. de dames	3 00	2 0
			2. de boules	16 00	10 7
			3. de dominos	4 00	2 7
			4. d'échecs	3 50	2 3
			5. de quilles	20 00	13 4
			6. de trictrac	25 00	16
			7. de tonneau	25 00	16
253	BROUETTES et voitures	*Idem*	1. Brouette de buanderie à trois roues	100 00	67
			2. Brouette à claire-voie	16 00	10
			3. Brouette à coffre	16 00	10
			4. Chariot tricycle pour blessés	300 00	200
			5. Diable garni en fer	90 00	60
			6. Pompe à incendie avec accessoires	1,300 00	867
			7. Voiture pour le transport des décédés	//	//
			8. Voiture à bras	//	//
254	BOISERIE de toute nature	Mètre carré.	1. Chêne	10 00	6
			2. Sapin	6 00	4
255	OBJETS divers	Mètre courant.	1. Banquette en chêne	5 00	3
			2. Barrière en sapin, à claire-voie, peinte à l'huile	2 00	1
			3. Chantier de cave en chêne	4 00	2
			4. Échelle double, ferrée, en frêne	2 00	1
			5. Échelle simple, en frêne	1 50	1
			6. Étagères diverses à claire-voie	1 50	1
			7. *Idem* pleines	1 50	1
			8. Lice de séchoir en sapin, peinte à l'huile	0 70	0
			9. Marchepied en chêne, ferré	2 00	1
			10. Râtelier d'armes en chêne	2 50	1
256	CORBEILLES et paniers divers.	Nombre.	1. Claie pour battre la laine	12 50	8
			2. Corbeille à distribution pour le pain, grande	30 00	20
			3. *Idem* moyenne	20 00	13
			4. *Idem* petite	12 00	8
			5. Corbeille ou panier de bureau	1 40	0
			6. Hotte avec bretelles	6 50	4
			7. Manne	6 50	4

OBSERVATIONS.	DIMENSIONS RÉGLEMENTAIRES.					POIDS RÉGLEMENTAIRE.
	Longueur.	Largeur.	Hauteur.	Épaisseur.	Profondeur.	
	mèt.	mèt.	mèt.	mèt.	mèt.	kil. gr.
A décompter au prix d'achat.						
Idem.						
Pour bureau des entrées, salles d'attente, supportée par des consoles en fer.....	1 50	0 40	....	0 03		
....	....	....	1 00			
....	0 15	0 15	0 15			
Épaisseur des montants........	....	....	....	0 10		
Idem........	....	....	....	0 10		
Sur chaque face........	....	....	....	0 10		
....	....	0 20	....	0 03		
....	1 80	1 25				
....	1 23	0 63	0 43			
....	1 00	0 60	0 35			
....	0 80	0 60	0 35			

NUMÉROS d'ordre par unité simple ou collective.	DÉNOMINATION ET CLASSIFICATION DES MATIÈRES — PAR UNITÉ PRINCIPALE, simple ou collective.	UNITÉ réglementaire.	PAR ESPÈCE D'OBJETS.	PRIX DU TARIF au CLASSEMENT. — Neuf.	En service.
				fr. c.	fr. c.
256 (Suite.)	CORBEILLES et paniers divers. (Suite.)	Nombre.	8. Panier à bouteilles	4 00	2 7
			9. Panier à provisions, avec couvercle	3 50	2 1
			10. Panier à relever le linge à pansement	1 20	0 8
			11. Paniers divers, en osier, pour caissons d'ambulance	16 50	11 0
			12. Van	5 50	3 7
257	CARTONS, cuir et tissus	*Idem*	1. Bâches pour malades	30 00	20 0
			2. Bâches pour couvertures	47 00	32 0
			3. Bâches pour brancards	32 00	21 0
			4. Bretelles pour brancards	6 00	4 0
			5. Cartons de bureau	4 00	2 7
			6. Dessous de plat en fibres d'aloès	1 00	0 7
			7. Drapeau tricolore en laine	8 00	5 4
			8. Étui en coutil imperméable	1 50	1 0
			9. Fanions d'ambulance	6 00	4 0
			10. Gibecières, portefeuilles en cuir fauve	29 50	19 7
			11. Musette appareil en coutil imperméable	7 00	5 0
			12. Plateaux pour bouteilles et carafes	3 25	2 1
			13. Seaux en toile	2 25	1 5
			14. Rond de serviette	0 70	0 5
			15. Sac en cuir pour seaux en toile	9 00	7 0
			16. Tablier en cuir pour ouvrier	6 00	4 0

ARTICLE 5. — BALANCES, POIDS ET MESURES.

NUMÉROS	PAR UNITÉ PRINCIPALE	UNITÉ	PAR ESPÈCE D'OBJETS	Neuf.	En service.
258	BALANCES diverses	*Idem*	1. Balance à pied, de la portée de 10 kilogrammes	60 00	40 0
			2. *Idem* de 5	45 00	30 0
			3. *Idem* de 1	21 00	14 0
			4. Balance à colonne, de la portée de 1 kilogramme	27 00	18 0
			5. Balance-bascule de la portée de 500 kilogrammes	74 00	49 3
			6. *Idem* de 200	53 00	35 0
			7. *Idem* de 100	38 00	25 0
			8. Balance-bascule pèse-stère, de la portée de 1,500 kilogrammes	490 00	326 5
			9. Balances pour les fortes pesées, plateaux en bois avec chaîne en fer.	360 00	240 0
			10. Romaine oscillante, garnie en acier, de la portée de 200 kilogrammes	40 00	26 7
			11. *Idem* de 150	34 00	22 7
			12. *Idem* de 100	27 00	18 0

OBSERVATIONS.	DIMENSIONS RÉGLEMENTAIRES.					POIDS RÉGLEMENTAIRE.
	Longueur.	Largeur.	Hauteur.	Épaisseur.	Profondeur.	
	mèt.	mèt.	mèt.	mèt.	mèt.	kil. gr.
A 4 compartiments.						
Ronds et ovales.						
....	1 50	1 30				
En cuir bouilli, à filets dorés avec trèfles mobiles en maillechort.						
En cuir bouilli.						
Avec crochets articulés pour éviter le déplacement du tablier, et ferrements spéciaux.						
Idem.						
Idem.						
Avec chèvre ferrée de 3^{m},90 de haut.						

NUMÉROS d'ordre par unité simple ou collective.	DÉNOMINATION ET CLASSIFICATION DES MATIÈRES			PRIX DU TARIF DU CLASSEMENT.	
	PAR UNITÉ PRINCIPALE, simple ou collective.	UNITÉ réglementaire.	PAR ESPÈCE D'OBJETS.	Neuf.	En service.
				fr. c.	fr. c.
258 (Suite.)	BALANCES diverses......... (Suite.)	Nombre.	13. Romaine oscillante, garnie en acier, de la portée de 50 kilogrammes.	14 00	9 40
			14. Trébuchet à bascule et à colonne, avec série de poids de 30 grammes divisés.	19 00	12 70
			15. Trébuchet avec chaîne et cuivre jaune.	6 00	4 00
259	BOÎTES diverses de poids....	Idem...	1. Boîte de poids légaux pour contrôler les instruments affectés aux distributions de pain.	6 00	4 00
			2. *Idem*, de viande.	2 50	1 70
			3. Boîte de 2k,001 en cuivre.	12 00	8 00
			4. Boîte de 1k,001 *idem*.	8 00	6 00
260	POIDS en fonte de cuivre et en fonte de fer...........	*Idem*...	1. Poids en fonte de cuivre de 2 kilogrammes.	6 00	4 00
			2. *Idem*............... de 1.	3 00	2 00
			3. *Idem*............... de 0,500 grammes.	2 00	1 40
			4. *Idem*............... de 0,200.	1 50	1 00
			5. *Idem*............... de 0,100.	0 90	0 60
			6. *Idem*............... de 0,050.	0 50	0 35
			7. *Idem*............... de 0,020.	0 30	0 20
			8. *Idem*............... de 0,010.	0 20	0 14
			9. *Idem*............... de 0,005.	0 15	0 10
			10. *Idem*............... de 0,002.	0 10	0 05
			11. *Idem*............... de 0,001.	0 05	0 03
			12. Poids en fonte de fer de 20 kilogrammes.	6 00	4 00
			13. *Idem*............ de 10.	3 50	2 35
			14. *Idem*............ de 5.	2 50	1 70
			15. *Idem*............ de 2.	1 25	0 80
			16. *Idem*............ de 1.	0 70	0 45
			17. *Idem*............ de 0,500 grammes.	0 50	0 35
			18. *Idem*............ de 0,200.	0 40	0 25
			19. *Idem*............ de 0,100.	0 30	0 20
			20. *Idem*............ de 0,50.	0 20	0 15
			21. Division du gramme.	0 20	0 15
261	POIDS gradués pour les distributions..............	*Idem*...	1. Jeu complet pour le pain.	6 00	4 00
			2. Jeu complet pour la viande.	3 50	2 35
262	BOÎTES de mesures légales...	*Idem*...	En étain, pour contrôler les ustensiles affectés aux distributions de vin.	9 00	6 00

OBSERVATIONS.	DIMENSIONS RÉGLEMENTAIRES.					POIDS RÉGLEMENTAIRE.
	Longueur.	Largeur.	Hauteur.	Épaisseur.	Profondeur.	
	mèt.	mèt.	mèt.	mèt.	mèt.	kil. gr.
Sensible au centigramme, avec tablette en marbre.						
Un poids de 1 kilogramme, un de 500 grammes, un de 200 grammes, deux de 100 grammes, un de 50 grammes, un de 20 grammes, deux de 10 grammes, un de 5 grammes, deux de 2 grammes, un de 1 gramme, et huit divisions de gramme.						
Un poids de 500 grammes, un de 200 grammes, deux de 100 grammes, un de 50 grammes, un de 20 grammes, deux de 10 grammes, un de 5 grammes, deux de 2 grammes, un de 1 gramme et huit subdivisions du gramme.						

NUMÉROS d'ordre par unité simple ou collective.	DÉNOMINATION ET CLASSIFICATION DES MATIÈRES			PRIX DU TARIF ou CLASSEMENT.	
	PAR UNITÉ PRINCIPALE, simple ou collective.	UNITÉ réglementaire.	PAR ESPÈCE D'OBJETS.	Neuf.	En service.
				fr. c.	fr. c.
263	MESURES de capacité........	Nombre.	1. Hectolitre en bois ferré et doublé........................	30 00	24 00
			2. Demi-hectolitre *idem*........................	27 00	18 00
			3. Décalitre........................	2 25	1 50
			4. Double décalitre........................	4 50	3 00
			5. Demi-décalitre........................	2 00	1 40
			6. Double litre........................	1 10	0 70
			7. Litre........................	0 70	0 45
			8. Mesures en étain de 2 litres........................	4 00 le kilog.	2 70
			9. *Idem*......... de 1 litre........................		
			10. *Idem*......... de 0,50 centilitres........................		
			11. *Idem*......... de 0,20........................		
			12. *Idem*......... de 0,10........................		
			13. *Idem*......... de 0,05........................		
			14. *Idem*......... de 0,02........................		
			15. *Idem*......... de 0,01........................		
			16. Mesures en fer-blanc de 2 litres........................	1 50	1 00
			17. *Idem*............ de 1........................	1 00	0 70
			18. *Idem*............ de 0,50........................	0 80	0 50
			19. *Idem*............ de 0,20........................	0 60	0 40
			20. *Idem*............ de 0,10........................	0 40	0 25
			21. *Idem*............ de 0,05........................	0 25	0 15
264	MESURES de capacité pour les distributions...........	*Idem*...	1. Cuiller à distribution, en fer battu étamé, de 37c 5...........	1 25	0 80
			2. *Idem*........................ de 25c...........	1 10	0 70
			3. *Idem*........................ de 18,75...........	1 00	0 70
			4. *Idem*........................ de 12,5...........	0 90	0 60
			5. Mesures en fer-blanc pour distribuer le vin, de 25 centilitres.....	0 50	0 35
			6. *Idem*........................ de 18...........	0 40	0 25
			7. *Idem*........................ de 12...........	0 35	0 20
			8. *Idem*........................ de 06...........	0 25	0 15
265	MESURES de longueur ou de volume...............	*Idem*...	1. Jauge en fer graduée........................	9 00	6 00
			2. Mètre articulé, en baleine ou en cuivre........................	2 50	1 70
			3. Mètre en bois ferré........................	2 50	1 70
			4. Stère simple, ferré........................	10 00	7 00
			5. Toise à signalement (double mètre)........................	30 00	20 00

OBSERVATIONS.	DIMENSIONS RÉGLEMENTAIRES.					POIDS RÉGLEMENTAIRE.
	Longueur.	Largeur.	Hauteur.	Épaisseur.	Profondeur.	
	mèt.	mèt.	mèt.	mèt.	mèt.	kil. gr.
En chêne ferré, avec pieds fixés, avec boulons et écrous.						
....	......	......	......	......	......	2 140
....	......	......	......	......	......	1 280
....	......	......	......	......	......	0 765
....	......	......	......	......	......	0 425
....	......	......	......	......	......	0 300
....	......	......	......	......	......	0 110
....	......	......	......	......	......	0 070
....	......	......	......	......	......	0 035
Ces mesures, à partir du 1/2 litre jusqu'au 1/2 décilitre, porteront une anse terminée en crochet s'élevant d'environ 7 centim. au-dessus de la mesure. Cette anse, pour le double litre et le litre, sera placée sur les côtés de la mesure en forme de carré long.						
Seront garnies d'une anse terminée en crochet, s'élevant d'environ 7 centim. au-dessus de la mesure.						

NUMÉROS d'ordre par unité simple ou collective.	DÉNOMINATION ET CLASSIFICATION DES MATIÈRES			PRIX DU TARIF au CLASSEMENT.	
	PAR UNITÉ PRINCIPALE, simple ou collective.	UNITÉ réglementaire.	PAR ESPÈCE D'OBJETS.	Neuf.	En service.
				fr. c.	fr. c.

ARTICLE 6. — OUTILS ET OBJETS DIVERS A L'USAGE DES ATELIERS.

NUMÉROS	PAR UNITÉ PRINCIPALE	UNITÉ	PAR ESPÈCE D'OBJETS	Neuf.	En service.
			1. Archet	1 50	1 0
			2. Bain cylindrique pour étamer en tôle	8 00	5 4
			3. Bec-d'âne de menuisier	1 00	0 7
			4. Bec-d'âne de serrurier	1 00	0 7
			5. Bêche	4 50	3 0
			6. Bigorne	45 00	30 0
			7. Bigorneau	20 00	14 0
			8. Binette	2 50	1 7
			9. Boîte à forer	3 00	2 0
			10. Bordoirs assortis de ferblantier	3 50	2 3
			11. Botte	2 50	1 7
			12. Boule coudée de ferblantier	5 00	3 4
			13. Bouterolle	1 70	1 1
			14. Chassoirs en fer de tonneliers (divers)	2 00	1 4
			15. Cisailles d'établi	18 00	12 0
			16. Cisailles de ferblantier	6 00	4 0
266	Outils et objets divers, en cuivre, fer et tôle	Nombre.	17. Cisailles de jardinier	16 00	10 7
			18. Ciseaux divers emmanchés	1 00	0 7
			19. Ciseaux divers à froid	1 00	0 7
			20. Clef anglaise, grande	10 00	6 7
			21. *Idem* .... petite	8 00	5 4
			22. Compas	1 50	1 0
			23. Couteau à mastiquer	0 70	0 5
			24. Cuiller à fondre, en tôle	2 00	1 4
			25. Diamant pour couper le verre	10 00	6 7
			26. Demi-masse de ferblantier	3 50	2 3
			27. Écouane demi-ronde	1 50	1 0
			28. Écouane plate	1 50	1 0
			29. Emporte-pièce (Jeu d')	2 60	1 7
			30. Enclume de forgeron et autres	74 00	49 4
			31. Équerres diverses en fer	6 50	4 3
			32. Essette emmanchée	6 00	4 0
			33. Étau à chanfreiner	5 00	3 4
			34. Étau d'établi, grand	29 00	20 0

OBSERVATIONS.	DIMENSIONS RÉGLEMENTAIRES.					POIDS RÉGLEMENTAIRE.
	Longueur.	Largeur.	Hauteur.	Épaisseur.	Profondeur.	
	mèt.	mèt.	mèt.	mèt.	mèt.	kil. gr.
Largeur des lames à 0m,014, 0m,012, 0m,018, 0m,008, 0m,005 et 0m,003.						
Même série que la précédente.						
....	......	......	......	......	......	13 800
....	......	......	......	......	......	6 500
De trois dimensions, grand de 0m,30, moyen de 0m,29 et petit de 0m,235.						
....	0 12					
De deux dimensions de 0m,20 et 0m,16 de long.						
....	0 63					
....	0 30					
Largeur de lames de 0m,034, 0m,029, 0m,024, 0m,015, 0m,011, 0m,009 et 0m,006.						
Largeur de lames à 0m,025, 0m,021, 0m,016 et 0m,009.						
....	0 29					
....	0 23					
....	0 195					
....	......	......	......	......	......	53 00
De 30 et 29 de hauteur.						
....	......	......	......	......	......	20 00

NUMÉROS d'ordre par unité simple ou collective.	DÉNOMINATION ET CLASSIFICATION DES MATIÈRES			PRIX DU TARIF au CLASSEMENT.	
	PAR UNITÉ PRINCIPALE, simple ou collective.	UNITÉ réglementaire.	PAR ESPÈCE D'OBJETS.	Neuf.	En service.
				fr. c.	fr. c.
266 (Suite.)	Outils et objets divers en cuivre, fer et tôle....... (Suite.)	Nombre.	35. Étau d'établi moyen	18 00	12 00
			36. *Idem*...... petit	12 00	8 00
			37. Étau à main	4 50	3 00
			38. Faux montée	10 00	6 70
			39. Fer de colombe	3 50	2 35
			40. Fers à rabots divers	2 50	1 70
			41. Fers à souder, divers	4 00	2 70
			42. Filière à coussinet, grande	12 00	8 00
			43. *Idem*.......... petite	8 00	5 40
			44. *Idem* à truelle	8 00	5 40
			45. Forets assortis pour métaux	0 50	0 35
			46. Forge volante	135 00	90 00
			47. Fourneaux de ferblantier	5 00	3 40
			48. Gouges diverses	1 00	0 75
			49. Hache	5 00	3 40
			50. Hachette	3 00	2 00
			51. Herminette	6 50	4 30
			52. Lame de scie de rechange	2 50	1 70
			53. Lampe à souder	9 50	6 35
			54. Langue de carpe, burin	7 00	4 70
			55. Langue pour percer la pierre	1 00	0 70
			56. Limes assorties, carrées	1 25	0 80
			57. *Idem*....... plates	1 25	0 80
			58. *Idem*....... rondes	1 25	0 80
			59. *Idem* ...... demi-rondes	1 25	0 80
			60. Marly	8 00	5 40
			61. Marteau à dresser, de ferblantier	5 00	3 40
			62. Marteau à garnir, *idem*	2 00	1 40
			63. Marteau à gorge, *idem*	2 50	1 70
			64. Marteau à main, *idem*	2 25	1 50
			65. Marteau à rentrer, *idem*	2 25	1 50
			66. Marteau à frapper devant, de forgeron	8 00	5 40
			67. Marteau ordinaire, grand	2 25	1 50
			68. *Idem*.......... petit	2 25	1 50

OBSERVATIONS.	DIMENSIONS RÉGLEMENTAIRES. Longueur.	Largeur.	Hauteur.	Épaisseur.	Profondeur.	POIDS RÉGLEMENTAIRE.
	mèt.	mèt.	mèt.	mèt.	mèt.	kil. gr.
....	......	......	......	......	......	5 00
....	......	......	......	......	......	3 500
Longueur de la lame........................	0 90					
Largeur du tranchant........................	......	0 122				
Sont appropriés aux outils ci-après désignés : bouvet simple ou double, demi-varlope, guillaume, outils à moulures, rabots et varlopes.						
Avec 3 coussinets de rechange portant les n°s 1 et 2 B 1 et 2 G, 1 et 2 P.						
Idem.						
Portant 22 trous.						
Largeur de lames : 0^m007, 0^m006, 0^m005, 0^m004 et 0^m0035.						
Largeur de lame : $0^m,028$, $0^m,023$, $0^m,020$, $0^m,014$, $0^m,012$, $0^m,008$ et $0^m,006$.						
Largeur du tranchant........................	0 215	0 13				
Idem........................	0 195	0 14				
La série de ces lames est conforme à celle des scies diverses déterminées ci-après.	0 215	0 13				
....	0 195	0 14				
Sur 6 longueurs différentes de $0^m,25$, $0^m,22$, $0^m,20$, $0^m,145$, $0^m,12$ et $0^m,10$.						
Sur 8 longueurs différentes de $0^m,265$, $0^m,25$, $0^m,20$, $0^m,165$, $0^m,145$, $0^m,12$. Limes douces de $0^m,20$, $0^m,145$.						
Sur 11 longueurs. Limes d'Allemagne, des 1 de $0^m,36$; des 2 de $0^m,26$: ordinaires de $0^m,27$, $0^m,22$, $0^m,215$, $0^m,195$, $0^m,16$, $0^m,14$, $0^m,12$. Limes douces de $0^m,195$ et $0^m,14$.						
Sur 4 longueurs différentes. Limes ordinaires de $0^m,225$, $0^m,20$, $0^m,15$; fines de $0^m,15$.						
De 2 modèles. L'une pour forgeron, l'autre pour ferblantier........................	......	......	......	......	......	1 580
....	......	......	......	......	......	5 150
De 2 modèles. L'un échancré d'un bout, l'autre dit de *menuisier*.						

NUMÉROS d'ordre par unité simple ou collective.	DÉNOMINATION ET CLASSIFICATION DES MATIÈRES — PAR UNITÉ PRINCIPALE, simple ou collective.	UNITÉ réglementaire.	PAR ESPÈCE D'OBJETS.	PRIX DU TARIF au CLASSEMENT. Neuf.	En service.
				fr. c.	fr. c.
266 (Suite.)	OUTILS et objets divers en cuivre, fer et tôle....... (Suite.)	Nombre.	69. Mèches anglaises de villebrequin, assortis................	0 50	0 35
			70. Mèche à cuiller, *idem*..................	0 50	0 35
			71. Mèche à vrille, *idem*..................	0 50	0 35
			72. Meule à aiguiser, pour outils..................	4 00	2 70
			73. Oreille-d'âne..................	1 25	0 80
			74. Pelle à terrassier,..................	2 50	1 70
			75. Pied-de-biche..................	2 50	1 70
			76. Pierre à repasser et à aiguiser..................	2 00	1 40
			77. Pince coupante..................	2 50	1 70
			78. Pince panneton..................	5 00	3 40
			79. Pince plate..................	2 50	1 70
			80. Pince ronde..................	2 50	1 70
			81. Pince à souder..................	5 00	3 40
			82. Pioche..................	7 00	4 70
			83. Plane ordinaire..................	3 25	2 15
			84. Plane de tonnelier, cintrée..................	6 50	4 35
			85. *Idem*........... droite..................	3 25	2 15
			86. *Idem*........... à queue..................	4 50	3 00
			87. Plateaux pour étamer, en tôle..................	6 50	4 30
			88. Poinçons à chaud, plats, divers..................	3 50	2 35
			89. Poinçons ronds, divers..................	3 50	2 35
			90. Pot à colle, avec bain-marie..................	5 25	3 50
			91. Racloir pour le bois..................	0 50	0 35
			92. Racloir pour peintre..................	1 25	0 80
			93. Râpes assorties, plates..................	0 90	0 60
			94. *Idem*........ rondes..................	0 70	0 50
			95. *Idem*........ demi-rondes..................	0 60	0 40
			96. Rateaux..................	4 50	3 00
			97. Ratissoire..................	3 50	2 35
			98. Scie allemande..................	4 50	3 00
			99. Scie à arraser..................	3 00	2 00
			100. Scie à chantourner..................	3 00	2 00
			101. Scie à douille..................	12 00	8 00
			102. Scie à main..................	3 70	2 50
			103. Scie à métaux..................	5,50	3 70

OBSERVATIONS.	DIMENSIONS RÉGLEMENTAIRES.					POIDS RÉGLEMENTAIRE.
	Longueur.	Largeur.	Hauteur.	Épaisseur.	Profondeur.	
	mèt.	mèt.	mèt.	mèt.	mèt.	kil. gr.
De 4 à 25 lignes de largeur de lames.						
De 2 à 8 lignes, *idem.*						
De 2 à 4 lignes, *idem.*						
Aux mâchoires plates et affilées de 0m,04 de long.						
Aux mâchoires en carré long, taillées en lime intérieurement, de 0m,027 de long.						
Aux mâchoires rondes, taillées en limes intérieurement, de 0m,035 de long.						
....	......	0 45	0 075			
Série appropriée aux besoins du service.						
Idem.						
En cuivre.						
Sur 5 longueurs différentes de 0m,27, 0m,245, 0m,24, 0m,195 et 0m,145.						
Sur 5 longueurs différentes de 0m,27, 0m,22, 0m,195, 0m,170 et 0m,145.						
Sur 4 longueurs différentes de 0m24, 0m,225, 0m,185 et 0m,145.						
Portera 16 dents.						
Dimension de la lame....................................	0 30	0 06				
Idem....................................	0 50	0 04				
Idem....................................	0 65	0 01				
Idem....................................	1 00	0 095				
Idem....................................	0 42					
Idem....................................	0 25	0 017				

Numéros d'ordre par unité simple ou collective.	Dénomination et classification des matières — Par unité principale, simple ou collective.	Unité réglementaire.	Par espèce d'objets.	Prix du tarif ou classement. Neuf.	En service.
266 (Suite.)	Outils et objets divers en cuivre, fer et tôle....... (Suite.)	Nombre.	104. Scie montée pour le bois	4 00	2 70
			105. Scie ordinaire	4 00	2 70
			106. Scie passe-partout	4 00	2 70
			107. Scie à refendre	7 00	4 70
			108. Sécateur	4 50	3 00
			109. Serpe	4 50	3 00
			110. Serpette	2 50	1 70
			111. Soyage ordinaire	17 00	11 40
			112. Tarauds assortis	2 00	1 40
			113. Tas de 10 centimètres carrés	25 00	16 70
			114. Tas de 5 centimètres carrés	15 00	10 00
			115. Tenailles diverses	2 00	1 40
			116. Tête-de-cheval	2 70	1 80
			117. Tiers-point	0 60	0 40
			118. Tirefonds de tonnelier	0 50	0 35
			119. Tournevis divers	0 70	0 50
			120. Tranche à chaud	2 50	2 35
			121. Tranche à froid	3 50	2 35
			122. Tranche droite	7 00	4 70
			123. Traitoir de tonnelier	3 25	2 15
			124. Tranchet	2 00	1 40
			125. Triangle niveau	3 50	2 35
			126. Truelle	1 70	1 20
			127. Valet d'établi	4 50	3 00
			128. Villebrequin	3 50	2 35
			129. Vrilles assorties	0 40	0 25
			130. Sacs d'outils complets pour les ambulances	34 00	23 00
267	Outils et objets divers en bois.	Nombre.	1. Banc pour colombe	35 00	23 35
			2. Billot d'enclume	5 00	3 40
			3. Bouvet simple	4 00	2 70
			4. Bouvet double	4 00	2 70
			5. Chevalet de tonnelier	15 00	10 00
			6. Doussine	2 70	1 80
			7. Demi-varlope	7 00	4 70

OBSERVATIONS.	DIMENSIONS RÉGLEMENTAIRES.					POIDS RÉGLEMENTAIRES.
	Longueur.	Largeur.	Hauteur.	Épaisseur.	Profondeur.	
	mèt.	mèt.	mèt.	mèt.	mèt.	kil. gr.
Dimensions de la lame.	0 63	0 06				
Idem	0 82	0 06				
Idem	0 25					
Idem	0 92	0 07				
	0 215					
A manche en corne de cerf.						
						5 600
						1 470
Longueur de lame de 0m,175, 0m,150 et 0m,125.						
Largeur de lame de 0m,09, 0m,06 et 0m,03.						
						1 300
						1 030
						2 740
						3 720
Série de 4 dimensions de largeur de lame de 0m,009, 0m,006, 0m,005 et 0m,004.						

NUMÉROS d'ordre par unité simple ou collective.	DÉNOMINATION ET CLASSIFICATION DES MATIÈRES — PAR UNITÉ PRINCIPALE, simple ou collective.	UNITÉ réglementaire.	PAR ESPÈCE D'OBJETS.	PRIX DU TARIF ou CLASSEMENT. — Neuf. fr. c.	En service. fr. c.
267 (Suite.)	OUTILS et objets divers en bois. (Suite.)	Nombre.	8. Équerres diverses	1 50	1 0
			9. Établi de menuisier	50 00	33 3
			10. Guillaume	2 50	1 7
			11. Jalloir de tonnelier	3 00	2 0
			12. Maillet en bois de ferblantier	1 00	0 7
			13. Maillet ordinaire	0 60	0 4
			14. Mandrin pour ustensiles en étain	3 00	2 0
			15. Outils à moulures diverses	3 25	2 1
			16. Petite presse	2 00	1 4
			17. Rabots divers	4 00	2 7
			18. Serre-joints	4 50	3 0
			19. Soufflets de forge	30 00	20 0
			20. Tapette de potier d'étain	1 25	0 8
			21. Troussequin	0 90	0 6
			22. Varlopes diverses	8 00	5 4

CHAPITRE IV. — MATIÈRES PREMIÈRES ET MATÉRIEL D'EMBALLAGE.

ARTICLE Ier. — MATIÈRES PREMIÈRES POUR CONFECTIONS.

NUMÉROS	PAR UNITÉ PRINCIPALE	UNITÉ	PAR ESPÈCE D'OBJETS	Neuf.	En service.
268	BOUTONS en métal, grands et petits	Nombre.	Pour vêtements de malades	0 02	//
269	DRAP et flanelle	Mètre.	1. Bleu en 123	12 00	//
			2. Beige en 119	8 00	//
			3. Flanelle et molleton en 75	3 50	//
270	TOILES diverses pour effets mobiliers	Nombre.	1. Toile de chanvre en 1m,00 de large	1 50	//
			2. *Idem* 0m,90 *idem*	1 15	//
			3. *Idem* 0m,75 *idem*	1 00	//
			4. *Idem* 1m,15 *idem*	1 70	//
			5. *Idem* 0m,90 *idem*	1 35	//
			6. Toile de lin en 0m,70 de large	1 30	//
			7. *Idem* 0m,80 *idem*	1 30	//
			8. *Idem* 1m,00 *idem*	1 50	//
			9. *Idem* 1m,15 *idem*	1 70	//
			10. Toile de lin à doublure en 1 mètre de large	1 15	//
			11. Cretonne de coton écru en 1m,07 de large	1 10	//

OBSERVATIONS.	DIMENSIONS RÉGLEMENTAIRES.					POIDS RÉGLEMENTAIRE.
	Longueur.	Largeur.	Hauteur.	Épaisseur.	Profondeur.	
	mèt.	mèt.	mèt.	mèt.	mèt.	kil. gr.
Pour draps de lit et tabliers d'infirmiers.						
Pour paillasses et torchons.						
Pour paillasses.						
Pour matelas et petits sacs de lit.						
Pour traversins et petits sacs de lit.						
Pour mouchoirs.						
Pour chemises.						
Pour tabliers des sœurs.						
Pour tabliers d'officiers de santé.						
Pour caleçons et rideaux.						

NUMÉROS d'ordre par unité simple ou collective.	DÉNOMINATION ET CLASSIFICATION DES MATIÈRES — PAR UNITÉ PRINCIPALE, simple ou collective.	UNITÉ réglementaire.	PAR ESPÈCE D'OBJETS.	PRIX DU TARIF au CLASSEMENT. Neuf.	En service.
				fr. c.	fr. c.
270 (Suite.)	Toiles diverses pour effets mobiliers............. (Suite.)	Mètre..	12. Cretonne de coton écru, en 80 centimètres de large..........	0 85	״
			13. Cretonne de coton teinte en bleu, en $1^{m},07^{c}$ de large..........	1 50	״
			14. Mousseline pour rideaux..............................	1 50	״
271	Toiles pour bandes roulées..	*Idem*...	1. En coton, en 90 centimètres..............................	1 00	״
			2. En fil, en 90 centimètres..............................	1 30	״
272	Crin pur..............	Kilog. .	....	5 00	״
273	Laine pure..............	*Idem*...	....	3 80	״
274	Plumes pour oreillers......	*Idem*...	....	6 50	״

ARTICLE 2. — MATIÈRES ET MATÉRIEL HORS DE SERVICE.

NUMÉROS	PAR UNITÉ PRINCIPALE	UNITÉ	PAR ESPÈCE D'OBJETS	Neuf.	En service.
275	Débris de lainage de linge et de coton..............	Kilog. .	1. Débris de lainage..............................	״	0 1[illegible]
			2. Débris de linge..............................	״	0 5[illegible]
			3. Laine et crin hors de service..............................	״	0 3[illegible]
			4. Plume..............................	״	0 [illegible]
276	Argent, or et platine hors de service..............	*Idem*...	1. Argent..............................	״	200 [illegible]
			2. Or..............................	״	2,000 [illegible]
			3. Platine..............................	״	700 [illegible]
277	Airain, cuivre, étain, plomb, fer, acier, hors de service..	*Idem*...	1. Alambic..............................	״	2 [illegible]
			2. Airain..............................	״	2 [illegible]
			3. Cuivre..............................	״	2 [illegible]
			4. Cuivre argenté..............................	״	3 [illegible]
			5. Étain..............................	״	2 [illegible]
			6. Plomb..............................	״	0 [illegible]
			7. Zinc..............................	״	0 [illegible]
			8. Acier et fer forgé..............................	״	0 [illegible]
			9. Fer battu, fer-blanc, fonte de fer et tôle..............	״	0 [illegible]
278	Bois hors de service pour produits divers...........	*Idem*...	....	״	0 [illegible]

OBSERVATIONS.	DIMENSIONS RÉGLEMENTAIRES.					POIDS RÉGLEMENTAIRE.
	Longueur.	Largeur.	Hauteur.	Épaisseur.	Profondeur.	
	mèt.	mèt.	mèt.	mèt.	mèt.	kil. gr.
Pour chemises.						
Pour rideaux.						
Les oreillers garnis de 1 kilog. 250 gr. de plume sont accordés dans la proportion de un dixième de la fixation de l'hôpital. La décision ministérielle du 23 novembre 1842 accorde en outre dans la même proportion des oreillers garnis de 1 kilog. 200 gr. de crin.						

NUMÉROS d'ordre par unité simple ou collective.	DÉNOMINATION ET CLASSIFICATION DES MATIÈRES			PRIX DU TARIF au CLASSEMENT.	
	PAR UNITÉ PRINCIPALE, simple ou collective.	UNITÉ réglementaire.	PAR ESPÈCE D'OBJETS.	Neuf.	En service.
				fr. c.	fr. c.
279	Cuirs et tissus hors de service	Kilog.		//	0 02
280	Effets à l'usage du culte hors de service	Nombre.	1. Aube	//	1 50
			2. Burette	//	0 25
			3. Camail	//	1 25
			4. Chape	//	4 00
			5. Chasuble	//	5 00
			6. Drap mortuaire	//	10 00
			7. Étole pastorale	//	1 00
			8. Nappe d'autel	//	1 00
			9. Rochet	//	2 00
			10. Surplis	//	2 00
			11. Objets divers	//	//

ARTICLE 3. — MATÉRIEL D'EMBALLAGE.

NUMÉROS	PAR UNITÉ PRINCIPALE	UNITÉ	PAR ESPÈCE D'OBJETS	Neuf	En service
281	Boîtes d'emballage, dites de 12 au paquet	Nombre.	1. Grandes (nos 9, 10, 11, 12)	1 20	0 80
			2. Moyennes (nos 5, 6, 7, 8)	0 80	0 50
			3. Petites (nos 1, 2, 3, 4)	0 60	0 40
282	Caisses d'emballage en bois blanc	M. carré	1. A claire-voie	1 20	0 80
			2. Pleines	2 00	1 50
283	Matières d'emballage	Kilog.	1. Clous, pointes et vis	//	//
			2. Corde et ficelle	//	//
			3. Foin	//	//
			4. Liége	//	//
			5. Matières diverses	//	//
			6. Paille	//	//
			7. Paille d'avoine	//	//
			8. Papier	//	//
284	Plomb d'emballage	*Idem.*		1 00	0 50
285	Toile d'emballage	Mètre.	Réduite en 1 mètre de large	0 50	0 30

OBSERVATIONS.	DIMENSIONS RÉGLEMENTAIRES.					POIDS RÉGLEMENTAIRE.
	Longueur.	Largeur.	Hauteur.	Épaisseur.	Profondeur.	
	mèt.	mèt.	mèt.	mèt.	mèt.	kil. gr.

NUMÉROS d'ordre par unité simple ou collective.	DÉNOMINATION ET CLASSIFICATION DES MATIÈRES — PAR UNITÉ PRINCIPALE, simple ou collective.	UNITÉ réglementaire.	PAR ESPÈCE D'OBJETS.	PRIX DU TARIF au CLASSEMENT. Neuf. fr. c.	En service. fr. c.

IIe SECTION. — MATÉRIEL

ARTICLE 1er. —

286	APPROVISIONNEMENT d'hôpital complet.	Nombre.	1. De 500 malades	"	"
			2. De 250	"	"

ARTICLE 2. —

287	CHARGEMENT de caisson de pharmacie.	Nombre.		"	"
288	CHARGEMENT de caisson d'ambulance.	*Idem*...		"	"
289	SECTION d'ambulance.	*Idem*...		"	"
290	CANTINES d'ambulance, vides.	*Idem*...	1. De chirurgie n° 1	100 00	67 00
			2. *Idem* n° 2	100 00	67 00
			3. De pharmacie n° 1	100 00	67 00
			4. *Idem* n° 2	100 00	67 00
			5. D'administration	40 00	27 00
			6. D'approvisionnement	40 00	27 00
291	CANTINES médicales et cantines d'infirmerie régimentaire.	*Idem*...	1. Cantines médicales, complètes (paire de)	"	"
			2. Cantine médicale n° 1, vide	"	"
			3. *Idem* n° 2, vide	"	"
			4. Cantines d'infirmerie régimentaire, complètes (paire de)	"	"
			5. Cantines d'infirmerie régimentaire, vide	"	"
			6. Panier-cantine, vide	"	"
292	SACS et sacoches d'ambulance.	*Idem*...	1. Sac d'ambulance, complet	"	"
			2. *Idem* vide	35 00	24 00
			3. Sacoches d'ambulance, complètes (paire de)	"	"
			4. Sacoche d'ambulance, vide	36 50	24 40
			5. Rouleau pour secours aux asphyxiés, complet	"	"
			6. Étui en coutil, simulant le rouleau, pour asphyxiés	6 00	4 00
293	CHAPELLES de division	*Idem*...		"	"

OBSERVATIONS.	DIMENSIONS RÉGLEMENTAIRES.					POIDS RÉGLEMENTAIRE.
	Longueur.	Largeur.	Hauteur.	Épaisseur.	Profondeur.	
	mèt.	mèt.	mèt.	mèt.	mèt.	kil. gr.

DU SERVICE EN CAMPAGNE.

HÔPITAUX TEMPORAIRES.

Une nomenclature spéciale fait connaître le détail des objets contenus dans chaque approvisionnement.						
Idem.						

MATÉRIEL D'AMBULANCE.

Une nomenclature spéciale fait connaître le détail des objets contenus dans chaque chargement.						
Idem.						
Une nomenclature spéciale fait connaître le détail des objets composant la section d'ambulance.						
Une nomenclature spéciale fait connaître le détail des objets composant la paire de cantines médicales.						
Une nomenclature spéciale fait connaître le détail des objets composant la paire de cantines d'infirmerie régimentaire.						
Une nomenclature spéciale fait connaître le détail des objets composant le sac d'ambulance.						
Une nomenclature spéciale fait connaître le détail des objets composant la paire de sacoches d'ambulance.						
Une nomenclature spéciale fait connaître le détail des objets composant le rouleau pour secours aux asphyxiés.						
Une nomenclature spéciale fait connaître le détail des objets composant la chapelle de division.						

NUMÉROS D'ORDRE par unité simple ou collective.	DÉNOMINATION ET CLASSIFICATION DES MATIÈRES			PRIX DU TARIF AU CLASSEMENT.	
	PAR UNITÉ PRINCIPALE, simple ou collective.	UNITÉ réglementaire.	PAR ESPÈCE D'OBJETS.	Neuf.	En service.
				fr. c.	fr. c.

IIIᵉ SECTION. — MATÉRIEL D'ENSEIGNEMENT,

ARTICLE 1ᵉʳ. — INSTRUMENTS ET USTENSILES

N. B. Il sera dressé un inventaire particulier du matériel de la IIIᵉ section, dont les résultats, par unité simple

294	Instruments de physique	Nombre.	1. Mécanique	......	......
			2. Hydrodynamique	......	......
			3. Hydrostatique	......	......

OBSERVATIONS.	PRIX AU CLASSEMENT.	
	Neuf.	En service.
	fr. c.	fr. c.
TRAVAUX ET COLLECTIONS SCIENTIFIQUES.		
DE PHYSIQUE ET DE CHIMIE.		
ou collective (selon le cas), seront conformes a ceux indiqués dans les inventaires généraux.		
1. Appareil pour la chute parabolique d'un corps	30 00	20 00
2. Appareil pour la chute parabolique des liquides	80 00	55 00
3. Appareil pour démontrer l'aplatissement de la terre à ses pôles, par le mouvement de rotation	30 00	20 00
4. Appareil à sept billes d'ivoire, de poids égaux, pour la communication du mouvement	50 00	35 00
5. Appareil du plan incliné en glace, s'élevant et s'abaissant par une vis de rappel	140 00	95 00
6. Balance de précision pour analyses quantitatives, renfermée dans une cage en verre à deux tiroirs, de la portée de 300 grammes, sensible au demi-milligramme, avec plateau en platine, et série du gramme divisé, en même métal	300 00	200 00
7. Balance ordinaire dont le fléau s'élève par un mouvement	36 00	24 00
8. Trébuchet d'essai, dit *de précision*, sur sa boîte, couvert d'une cage en verre, avec poids de 5 grammes et la division au millième du gramme	70 00	50 00
9. Série de poids en platine	20 00	14 00
10. Modèle de balancier ou pendule à compensation	20 00	14 00
11. Modèle de la vis sans fin	70 00	50 00
12. Pendule ou compte-secondes à échappement et son support	125 00	85 00
13. Plan de marbre et bille d'ivoire	10 00	7 00
14. Objets divers	"	"
1. Appareil à jet d'eau dans le vide	25 00	17 00
2. Endosmomètre de Dutrochet	10 00	7 00
3. Modèle de la vis d'Archimède, en verre, montée en cuivre	50 00	35 00
4. Modèle de la pompe aspirante élévatoire	130 00	90 00
5. Modèle de la pompe aspirante et foulante, à réservoir d'air	110 00	95 00
6. Pompe de Cellier, en verre	1 00	0 50
7. Verres à diabète (les deux)	8 00	4 00
8. Objets divers	"	"
1. Appareil pour démontrer qu'un corps plongé dans un liquide perd de son poids une quantité égale au poids du volume du liquide qu'il déplace	25 00	17 00
2. Appareil des tubes capillaires	16 00	10 00
3. Aréomètre en laiton, ayant une capsule renversée et à jour, pour les corps plus légers que l'eau, et son éprouvette en cristal	22 00	15 00
4. Aréomètre de Fahrenheit	10 00	7 00

NUMÉROS D'ORDRE par unité simple ou collective.	DÉNOMINATION ET CLASSIFICATION DES MATIÈRES			PRIX DU TARIF ou CLASSEMENT.	
	PAR UNITÉ PRINCIPALE, simple ou collective.	UNITÉ réglementaire.	PAR ESPÈCE D'OBJETS.	Neuf.	En service.
				fr. c.	fr. c.
			3. Hydrostatique. (Suite.)	......	......
294 (Suite.)	INSTRUMENTS de physique. (Suite.)	Nombre.			
			4. Pneumatique.	......	......
			5. Météorologie.	......	......

OBSERVATIONS.	PRIX AU CLASSEMENT.	
	Neuf.	En service.
	fr. c.	fr. c.
5. Aréomètre centésimal de Gay-Lussac	3 00	2 00
6. Aréomètre de Baumé pour les sels, les acides et l'éther	1 00	0 70
7. Aréomètre universel pour les liquides plus légers et plus pesants que l'eau	12 00	8 00
8. Balance hydrostatique ordinaire et ses accessoires	240 00	160 00
9. Ludion à pompe pour la théorie de l'aérostation	25 00	17 00
10. Niveau à bulle d'air, dans son étui, de 23 degrés	10 00	7 00
11. Tourniquet hydraulique pour la réaction produite par l'écoulement des liquides	45 00	30 00
12. Tube recourbé sur une planche pour faire voir que la pesanteur des liquides hétérogènes en équilibre est en raison inverse de leur densité	16 00	10 00
13. Vase de Mariotte pour la pression des liquides	8 00	5 60
14. Objets divers	"	"
1. Appareil à densité du docteur Regnault, pour les liquides	7 00	5 00
2. Appareil pour la congélation de l'eau dans le vide	12 00	8 00
3. Appareil pour la porosité, dit *la pluie de mercure*	25 00	17 00
4. Ballon de cristal garni d'un robinet pour peser l'air	10 00	7 00
5. Baroscope ou balance dans le vide, pour prouver qu'on ne peut connaître le poids absolu d'un corps avec la cloche	35 00	23 0
6. Cloche en cristal, usée à l'émeri, de 6 litres, pour l'usage de la machine pneumatique	6 00	4 00
7. Cloche en cristal, usée à l'émeri, de 8 à 10 litres, pour le même usage	10 00	7 00
8. Cloche en cristal, garnie d'une boîte et d'une tige, pour agir dans l'intérieur	20 00	14 00
9. Double platine ou platine secondaire, garnie d'un robinet, pour placer les corps que l'on veut garder longtemps dans le vide	36 00	24 00
10. Ludion ou figure d'émail dans un vase de cristal	4 00	2 75
11. Machine pneumatique, platine de 27 centimètres	400 00	250 00
12. Marteau d'eau	4 00	2 75
13. Moulinet simple et récipient percé, pour démontrer la rentrée de l'air dans le vide	18 00	12 00
14. Pompe aspirante sur un récipient, pour prouver qu'elle est sans effet dans le vide	22 00	15 00
15. Récipient dit *crève-vessie*	3 00	2 00
16. Timbre à rouage pour le son dans le vide	40 00	25 00
17. Tube grand pour la chute des corps	30 00	20 00
18. Objets et instruments divers	"	"
1. Anémomètre Combes	100 00	70 00
2. Compteur Neumann	70 00	50 00
3. Baromètre portatif de Gay-Lussac	120 00	80 00
4. Baromètre à large cuvette, monté en bois d'acajou, à double échelle, divisé et gravé sur métal, l'une en pouces, l'autre en parties du mètre	70 00	50 00
5. Hygromètre à cheveu, ordinaire, avec thermomètre cage à jour et boîte à transport	70 00	50 00

NUMÉROS d'ordre par unité simple ou collective.	DÉNOMINATION ET CLASSIFICATION DES MATIÈRES			PRIX DU TARIF au CLASSEMENT.	
	PAR UNITÉ PRINCIPALE, simple ou collective.	UNITÉ réglementaire.	PAR ESPÈCE D'OBJETS.	Neuf.	En service.
				fr. c.	fr. c.
294 (Suite.)	INSTRUMENTS de physique........... (Suite.)	Nombre..	5. Météorologie.......... (Suite.)	....	....
			6. Calorique..........	....	....
			7. Électricité..........	....	....

OBSERVATIONS.	PRIX AU CLASSEMENT. Neuf.	En service.
	fr. c.	fr. c.
6. Hygromètre de Saussure, portatif	30 00	20 00
7. Hygromètre de Daniel	40 00	25 00
8. Hygromètre conducteur de Regnault	90 00	60 00
9. Pluviomètre	35 00	23 00
10. Pluviomètre pour l'évaporation	100 00	70 00
11. Thermomètre pour les bains	2 50	1 75
12. Thermomètre électrique	18 00	12 00
13. Thermomètre pour l'extérieur, sur glace	12 00	8 00
14. Thermomètre à air	10 00	7 00
15. Thermomètre pour l'intérieur, sur métal	6 00	4 00
16. Thermomètre à mercure, divisé sur verre, les divisions s'élevant jusqu'au point d'ébullition du mercure.	15 00	10 00
17. Thermomètre pour les salles, à mercure	2 50	1 75
18. Thermomètre pour les salles, à l'alcool	1 50	1 00
19. Thermomètre à mercure, avec échelle renfermée dans un tube de verre	4 00	2 75
20. Thermomètre horizontal à *maxima* et *minima*, monté sur place, la paire	30 00	20 00
21. Objets divers	〃	〃
1. Appareil d'Ingenhous, pour l'inégale conductibilité des métaux	25 00	17 00
2. Briquet pneumatique en laiton, pour allumer l'amadou par la compression de l'air	4 00	2 75
3. Cubes ayant quatre faces de différents métaux	30 00	20 00
4. Cube en fer-blanc à faces peintes	12 00	8 00
5. Éolipyle à manche pour la vaporisation de l'eau	20 00	14 00
6. Lame de compensation	3 00	2 00
7. Marmite ou digesteur de Papin pour l'expansion de la vapeur, avec soupape de sûreté, fermant par un ressort et par des poids, à volonté, avec un levier à contre-poids, d'un litre et demi de capacité	180 00	120 00
8. Miroirs concaves de 18 pouces de diamètre, en cuivre	30 00	20 00
9. Pyromètre à cadran de Brongniart	45 00	30 00
10. Pyromètre de Wegwood	30 00	20 00
11. Pyromètre à deux règles de différents métaux	35 00	23 00
12. Thermomètre différentiel de Leslie	12 00	8 00
13. Objets divers	〃	〃
1. Aiguille à électropuncture, en acier	0 40	0 20
2. Appareil à percer le verre	15 00	10 00
3. Batterie électrique de six bocaux	60 00	40 00
4. Bouteille de Leyde, garnie	4 00	2 75
5. Carillon à trois timbres pour suspendre à un conducteur	8 00	6 00

NUMÉROS d'ordre par unité simple ou collective.	DÉNOMINATION ET CLASSIFICATION DES MATIÈRES			PRIX DU TARIF au CLASSEMENT.	
	PAR UNITÉ PRINCIPALE, simple ou collective.	UNITÉ réglementaire.	PAR ESPÈCE D'OBJETS.	Neuf.	En service.
				fr. c.	fr. c.
294 (Suite.)	INSTRUMENTS de physique.......... (Suite.)	Nombre..	7. Électricité.......... (Suite.)	....	....
			8. Magnétisme..........	....	....
			9. Galvanisme..........	....	....

OBSERVATIONS.	PRIX AU CLASSEMENT.	
	Neuf.	En service.
	fr. c.	fr. c.
6. Cylindre isolé pour l'électricité par l'influence (les deux)	40 00	25 00
7. Électroscope à balle de sureau	12 00	8 00
8. Électroscope à balance électrique, de Coulomb	70 00	50 00
9. Électromètre à cadran d'ivoire, pour connaître la charge des batteries électriques	10 00	7 00
10. Électrophore d'un petit diamètre	15 00	10 00
11. Électrophore de 18 pouces de diamètre et la peau de chat	30 00	20 00
12. Électrophore, nouveau diamètre, avec plateau et la peau de chat	40 00	25 00
13. Excitateur, dit *universel*, servant pour la fusion des métaux et à diverses expériences	25 00	17 00
14. Excitateur cylindrique, avec manche (la paire)	8 00	5 00
15. Excitateur en balais (la paire)	8 00	5 00
16. Excitateurs coniques à olive	6 00	4 00
17. Fils conducteurs	3 00	2 00
18. Globe en cristal, garni d'un robinet et d'une tige mobile, pour faire voir l'effet de l'électricité dans le vide, dans l'air comprimé et à travers les gaz	32 00	22 00
19. Grand tube étincelant	45 00	10 00
20. Grand condensateur pour le développement de l'électricité par contact, monté sur un électroscope à feuillet d'or, avec disque en cuivre et zinc isolé	45 00	30 00
21. Machine électrique à plateau en glace de 65 centimètres de diamètre, montée sur table, à deux conducteurs portés sur quatre colonnes en cristal, avec coussin garni d'armatures en taffetas vernissé et tabouret isolant	400 00	250 00
22. Mortier électrique pour lancer une bille	8 00	5 00
23. Pistolet de Volta en fer-blanc vernissé	2 00	1 50
24. Récipient d'Ingenhous pour brûler une spirale en acier dans l'oxygène par l'étincelle électrique	25 00	17 00
25. Sphère creuse de Coulomb, pour prouver que l'électricité ne se manifeste qu'à l'extérieur des corps	20 00	14 00
26. Sphère creuse de Coulomb à deux enveloppes mobiles	30 00	20 00
27. Objets et ustensiles divers	〃	〃
1. Aiguilles d'inclinaison	35 00	23 00
2. Aiguille aimantée à chape d'agate et son pivot de 5 pouces de longueur	6 00	4 00
3. Aimant artificiel en fer à cheval	45 00	30 00
4. Aimant naturel, taillé, de 250 grammes	25 00	17 00
5. Boîte de deux barreaux aimantés, avec leurs contacts, de 12 à 15 pouces	30 00	20 00
6. Boussole à boîte de cuivre, de 4 pouces	20 00	17 00
7. Objets divers	〃	〃
1. Appareil à décomposer l'eau par l'action galvanique, garni de fil de platine, avec deux cloches pour recueillir les gaz	12 00	8 00
2. Disques de zinc et cuivre pour la théorie de la pile (les deux)	4 00	2 75
3. Excitateur en zinc et cuivre pour la grenouille	2 00	1 50

NUMÉROS d'ordre par unité simple ou collective.	DÉNOMINATION ET CLASSIFICATION DES MATIÈRES			PRIX DU TARIF au CLASSEMENT.	
	PAR UNITÉ PRINCIPALE, simple ou collective.	UNITÉ réglementaire.	PAR ESPÈCE D'OBJETS.	Neuf.	En service.
				fr. c.	fr. c.
294 (Suite.)	INSTRUMENTS de physique............ (Suite.)	Nombre..	9. Galvanisme..............................	....	....
			10. Électro-magnétisme........................	.....	....
			11. Optique....................................	....	....
			12. Acoustique.................................	....	....

OBSERVATIONS.	PRIX AU CLASSEMENT.	
	Neuf.	En service.
	fr. c.	fr. c.
4. Grand condensateur de Volta, à plan de taffetas et disques de métal isolés	20 00	14 00
5. Pile galvanique de Munch, de Strasbourg	40 00	25 00
6. Pile à auge de 30 éléments, zinc et cuivre d'environ 8 centimètres sur 10 centimètres, soudés et mastiqués dans une auge en bois	35 00	23 00
7. Pile de Bunsen, de 10 éléments; l'élément	4 00	2 75
8. Pile voltaïque à colonnes	30 00	20 00
9. Pile de Wollaston, à immersion	50 00	35 00
10. Objets divers	〃	〃
1. Appareil thermo-électrique, de Becquerel, devant servir de thermomètre	180 00	120 00
2. Multiplicateur de Schweiger	15 00	10 00
3. Multiplicateur très-sensible à deux aiguilles, cadran divisé	35 00	23 00
4. Instruments et objets divers	〃	〃
1 Appareil simple pour la polarisation de la lumière, avec prisme composé en cristal de roche	100 00	70 00
2. Appareil simple à 7 miroirs parallèles pour la réunion des 7 couleurs du prisme	90 00	60 00
3. Chambre noire avec ses accessoires	50 00	35 00
4. Doublet monté sur pied, avec 3 lentilles, de Chevalier	100 00	70 00
5. Daguerréotype	1,200 00	800 00
6. Lentilles convexe et concave d'environ 4 pouces de diamètre	25 00	17 00
7. Loupe de 1 décimètre de diamètre	15 00	10 00
8. Lunette achromatique de 1 mètre, en cuivre, et ses accessoires	180 00	120 00
9. Microscope simple (figure 5 du catalogue de Nachet), avec addition d'un oculaire	85 00	60 00
10. ——— composé, monté en cuivre	250 00	170 00
11. ——— d'Oberkauser	900 00	600 00
12. Œil artificiel monté tout en cuivre pour l'application des lunettes	45 00	30 00
13. Prisme creux monté pour la réfraction des liquides	25 00	17 00
14. Prisme plein	30 00	20 00
15. Verres pour les anneaux colorés, monture en cuivre (les deux)	18 00	12 00
16. Instruments divers	〃	〃
1. Ballon en cristal à robinet et garni d'une clochette pour le son dans le vide	20 00	14 00
2. Cornet acoustique en fer-blanc	5 00	3 00
3. Diapason ordinaire	3 00	2 00
4. Plaques en verre de différentes formes, avec pince et archet	18 00	12 00
5. Sonomètre ou monocorde avec règles divisées, poids et chevalet mobiles	90 00	60 00
6. Instruments divers	〃	〃

NUMÉROS d'ordre par unité simple ou collective.	NOMINATION ET CLASSIFICATION DES MATIÈRES			PRIX DU TARIF au CLASSEMENT.	
	PAR UNITÉ PRINCIPALE, simple ou collective.	UNITÉ réglementaire.	PAR ESPÈCE D'OBJETS.	Neuf.	En service.
				fr. c.	fr. c.
295	INSTRUMENTS de chimie évalués au nombre........................	Nombre..	....	....	....

OBSERVATIONS.	PRIX AU CLASSEMENT. Neuf.	En service.
	fr. c.	fr. c.
1. Alcalimètre de Gay-Lussac	30 00	20 00
2. Alcoomètre centésimal de Gay-Lussac	3 00	2 00
3. Alambic d'essai de Décroisille	50 00	35 00
4. Alambic de Salleron	70 00	50 00
5. Appareil pour la confection des eaux minérales gazeuses	190 00	125 00
6. Appareil (petit) de Gay-Lussac et Thénard pour l'analyse organique	20 00	14 00
7. Appareil pour la composition de l'eau par la combustion des gaz oxygène et hydrogène. (Cet appareil consiste en un ballon en cristal monté sur une table à 3 colonnes.)	140 00	95 00
8. Ballon (grand) en baudruche	20 00	14 00
9. Ballon de 5 décimètres de diamètre	8 00	5 00
10. Ballon d'un plus petit diamètre	5 00	3 00
11. Chalumeau en cuivre (embouchure en ivoire)	4 00	2 75
12. ——— de Berzélius	10 00	7 00
13. Chalumeau à gaz oxygène et hydrogène pour les hautes températures, avec sa pompe aspirante et foulante et un ajustage garni de rondelles en toile métallique	100 00	7 00
14. Cornues en plomb s'ouvrant en deux parties et un récipient pour l'acide	35 00	23 00
15. Cuve à mercure d'une contenance de 100 kilogrammes, en pierre de liais	50 00	35 00
16. ——— de $0^m,45$ de longueur, en pierre de liais	40 00	25 00
17. ——— petite	25 00	17 00
18. Cuve pneumato-chimique en bois garni de plomb	100 00	70 00
19. Eudiomètre composé de Volta, à 2 robinets, surmonté d'un tube gradué, divisé en 200 parties, avec mesure à coulisse	70 00	50 00
20. Eudiomètre avec garniture en cuivre	9 00	6 00
21. ——— avec garniture en fer pour la cuve à mercure	10 00	7 00
22. Lampe en cristal	2 00	1 50
23. ——— à l'alcool, à double courant de Berzélius	30 00	20 00
24. ——— de sûreté de Davy	18 00	12 00
25. Lacto-butyromètre de Marchand	7 00	5 00
26. Marteau en acier trempé	8 00	5 00
27. Mesures à coulisse pour le gaz	8 00	5 00
28. Petite pompe devant servir pour l'analyse organique par la méthode de Liebig	20 00	14 00
29. Pince d'acier avec bout en platine	7 00	5 00
30. ——— longue, courbe, à cuiller	3 00	2 00
31. ——— à ressort pour introduire les substances dans les cloches	4 00	2 75
32. Plateau en verre dépoli avec cloche usée	7 50	5 00
33. Robinet à ajutage, embout étamé	7 00	5 00
34. Robinets en cuivre, petits, pour cloche	3 00	2 00

NUMÉROS d'ordre par unité simple ou collective.	DÉNOMINATION ET CLASSIFICATION DES MATIÈRES			PRIX DU TARIF au CLASSEMENT.	
	PAR UNITÉ PRINCIPALE, simple ou collective.	UNITÉ réglementaire.	PAR ESPÈCE D'OBJETS.	Neuf.	En service.
				fr. c.	fr. c.
295 (Suite.)	INSTRUMENTS de chimie évalués au nombre...................... (Suite.)	Nombre.	....	......	......

OBSERVATIONS.	PRIX AU CLASSEMENT. Neuf.	En service.
	fr. c.	fr. c.
35. Table à souffler le verre (lampe d'émailleur)	45 00	30 00
36. *Idem* .... nouveau modèle, avec lampe et ajutage mobiles	80 00	55 00
37. Ballon en cristal garni d'un robinet	10 00	7 00
38. Ballons, cornues et matras au-dessous du litre, non tubulés	0 20	0 10
39. *Idem* .... à 1 tubulure, non bouchés	0 60	0 30
40. *Idem* .... à 2	0 80	0 40
41. *Idem* .... à 3	1 00	0 50
42. *Idem* .... à 1 tubulure, bouchés à l'émeri	0 80	0 40
43. *Idem* .... à 2	1 40	0 70
44. *Idem* .... à 3	2 00	1 00
45. Burettes graduées en cristal	5 00	2 50
46. Capsules en porcelaine blanche, à fond rond ou plat, à bec ou sans bec, de 8 litres	10 00	5 00
47. *Idem* .... de 6	8 00	4 00
48. *Idem* .... de 4	6 00	3 00
49. *Idem* .... de 2	4 00	2 00
50. *Idem* .... de 1	2 50	1 25
51. *Idem* .... de 50 centilitres	1 50	0 75
52. *Idem* .... au-dessous de 50 centilitres	0 60	0 30
53 Capsules en porcelaine blanche, à manche en bois, de 2 litres	2 50	1 25
54. *Idem* .... de 1	2 00	1 00
55. *Idem* .... de 50 centilitres	1 50	0 75
56. Capsules en verre, petites	0 50	0 25
57. Cloches en cristal, à robinet, pour les gaz, de 5 litres	20 00	14 00
58. *Idem* .... de 50 centilitres	10 00	7 00
59. *Idem* .... de 25	8 00	5 00
60. Cloches en verre, graduées, avec robinet en cuivre, de 2 litres	20 00	14 00
61. *Idem* .... de 1	15 00	10 00
62. Cloches en verre, graduées, sans robinet, de 50 centilitres	10 00	5 00
63. *Idem* .... de 25	8 00	4 00
64. *Idem* .... de 10	6 00	3 00
65. *Idem* .... de 5	5 00	2 50
66. Cloches courbes ou droites (tubes fermés)	0 40	0 20
67. Entonnoirs bouchés à l'émeri	5 00	2 50
68. Entonnoirs en cristal, à robinet, en verre	10 00	5 00
69. Entonnoirs ordinaires en verre, assortis	0 20	0 10

NUMÉROS d'ordre par unité simple ou collective.	DÉNOMINATION ET CLASSIFICATION DES MATIÈRES			PRIX DU TARIF au CLASSEMENT.	
	PAR UNITÉ PRINCIPALE, simple ou collective.	UNITÉ réglementaire.	PAR ESPÈCE D'OBJETS.	Neuf.	En service.
				fr. c.	fr. c.
295 (Suite.)	INSTRUMENTS de chimie évalués au nombre........................ (Suite.)	Nombre .	....	....	....

OBSERVATIONS.	PRIX AU CLASSEMENT. Neuf.	En service.
	fr. c.	fr. c.
70. Éprouvettes graduées, de 100 centimètres cubes	10 00	5 00
71. *Idem* de 50	8 00	4 00
72. *Idem* de 20	6 00	3 00
73. *Idem* de 10	5 00	2 50
74. Éprouvettes divisées pour l'essai des vins	5 00	2 50
75. Éprouvettes diverses non graduées	5 06	2 50
76. Flacons de Woulf, non tubulés, au-dessous du litre	0 20	0 10
77. *Idem* à 1 tubulure, au-dessous du litre, non bouchés	0 50	0 25
78. *Idem* à 2	0 80	0 40
79. *Idem* à 3	1 00	0 50
80. *Idem* à 1 tubulure au-dessous du litre, bouchés à l'émeri	0 80	0 40
81. *Idem* à 2	1 40	0 70
82. *Idem* à 3	2 00	1 00
83. Flacons collections	0 50	0 25
84. Matras à sublimation, à fond plat, en verre vert, au-dessous du litre	0 20	0 10
85. Petites allonges assorties	0 20	0 10
86. Pèse-urine de Blondeau	1 00	0 50
87. Pipettes graduées	5 00	2 50
88. Pipettes simples	0 40	0 20
89. Récipients florentins de 1 litre	1 50	0 75
90. *Idem* de 50 centilitres	1 00	0 50
91. Récipients florentins à long col, de 1 litre	1 50	0 75
92. *Idem* de 50 centilitres	1 00	0 50
93. Soucoupes en porcelaine	0 40	0 20
94. Tubes de sûreté de Walter	1 50	0 75
95. Tubes en S à boule	1 00	0 50
96. Tubes ordinaires simples	1 00	0 50
97. Tubes à agiter, etc	0 20	0 10
98. Tubes de Liebig à boule	1 30	0 65
99. Tubes en porcelaine	1 00	0 50
100. Vases à précipités	0 50	0 25
101. Verres à expérience, à bec ou sans bec, en verre blanc	0 20	0 10
102. *Idem* en cristal	0 60	0 30
103. Cornues en grès, au-dessous du litre	0 30	0 15
104. Creusets de Hesse, triangulaires, en grès, avec couvercle, pile de 6	1 50	0 75

NUMÉROS d'ordre par unité simple ou collective.	DÉNOMINATION ET CLASSIFICATION DES MATIÈRES			PRIX DU TARIF ou CLASSEMENT.	
	PAR UNITÉ PRINCIPALE, simple ou collective.	UNITÉ réglementaire.	PAR ESPÈCE D'OBJETS.	Neuf.	En service.
				fr. c.	fr. c.
295 (Suite.)	INSTRUMENTS de chirurgie évalués au nombre .... (Suite.)	Nombre.	....	......	......
296	INSTRUMENTS et ustensiles de chimie en argent et en platine	Kilog...	....	......	......
297	INSTRUMENTS et ustensiles de chimie en verre	Nombre.	....	......	......
298	USTENSILES de chimie en verre, terre et grès, d'une contenance au-dessus du litre	Litre...	....	......	......

OBSERVATIONS.	PRIX au CLASSEMENT.	
	Neuf.	En service.
	fr. c.	fr. c.
105. Creusets de Hesse, triangulaires en grès, avec couvercle, pile de 4	1 20	0 60
106. *Idem* pile de 3	0 80	0 40
107. Creusets divers en grès	0 50	0 25
108. Instruments divers	″	″
109. Objets divers en verre	″	″
110. *Idem* en grès	″	″
1. Creusets en argent avec couvercle		
2. Capsules et nacelles en argent	250 00	225 00
3. Objets et ustensiles divers en argent		
4. Alambic en platine		
5. Creusets avec couvercle, en platine		
6. Capsules et nacelles en platine	1,000 00	800 00
7. Languettes et feuilles de platine		
8. Objets et ustensiles divers en platine		
1. Cloches à récipient, en verre blanc, à douille et à bouton	2 00	1 00
2. Éprouvettes en verre blanc	2 00	1 00
3. Tubes en verre pleins ou creux	2 00	1 00
4. Tubes en verre vert	1 50	0 75
5. Cloches à récipient, en cristal, à douille ou à bouton	3 00	1 50
6. Éprouvettes en cristal	3 00	1 50
7. Mortiers divers	3 00	1 50
8. Objets et ustensiles divers	″	″
1. Allonges droites ou courbes	0 40	0 20
2. Ballons, cornues et matras non tubulés	0 40	0 20
3. *Idem* à une tubulure, non bouchés	0 80	0 40
4. *Idem* à deux tubulures, *idem*	1 20	0 60
5. *Idem* à trois tubulures, *idem*	1 50	0 75
6. *Idem* à une tubulure, bouchés à l'émeri	1 00	0 50
7. *Idem* à deux tubulures, *idem*	1 60	0 80
8. *Idem* à trois tubulures, *idem*	2 00	1 00
9. Capsules en verre	0 50	0 25
10. Entonnoirs ordinaires	0 30	0 15
11. Entonnoirs à robinet	2 00	1 00
12. Flacons de Woulf, non tubulés	0 40	0 20

NUMÉROS d'ordre par unité simple ou collective.	DÉNOMINATION ET CLASSIFICATION DES MATIÈRES			PRIX DU TARIF au CLASSEMENT.	
	PAR UNITÉ PRINCIPALE, simple ou collective.	UNITÉ réglementaire.	PAR ESPÈCE D'OBJETS.	Neuf.	En service.
				fr. c.	fr. c.
298 (Suite.)	USTENSILES de chimie en verre, terre et grès, d'une contenance au-dessus du litre........................ (Suite.)	Litre...	....	....	....
299	USTENSILES divers..................	Nombre.	....	....	....

OBSERVATIONS.	PRIX au CLASSEMENT.	
	Neuf.	En service.
	fr. c.	fr. c.
13. Flacons de Woulf, à une tubulure, non bouchés	0 80	0 40
14. *Idem*........... à deux tubulures, *idem*	1 20	0 60
15. *Idem*........... à trois tubulures, *idem*	1 50	0 75
16. *Idem*........... à une tubulure, bouchés à l'émeri	1 00	0 50
17. *Idem*........... à deux tubulures, *idem*	1 60	0 80
18. *Idem*........... à trois tubulures, *idem*	2 00	1 00
19. Flacons à robinet, en verre	2 50	1 25
20. Matras à sublimation à fond plat, en verre vert	0 30	0 15
21. Vases à précipités	0 60	0 30
22. Cornues en grès	0 30	0 15
23. Creusets divers	0 30	0 15
24. Terrines diverses	0 20	0 10
25. Objets et ustensiles divers	//	//
1. Bains de sable à queue	3 00	2 00
2. Cuillers à projection en tôle	3 00	2 00
3. Cornue en cuivre pour la décomposition des matières organiques	35 00	23 00
4. Cornue en fer pour distiller le mercure, de 1 litre	30 00	20 00
5. Grilles en fer à coulisses, pour analyses organiques	35 00	23 00
6. Grilles en fer pour la distillation des acides	1 50	1 00
7. Fourneau à main en terre	1 50	0 75
8. Fourneau long à réverbère	12 00	6 00
9. Fourneau à bassine, cerclé en fer	8 00	4 00
10. Fourneau à réverbère, de 20 centimètres de diamètre	10 00	5 00
11. *Idem*............. de 15 *idem*	7 00	3 50
12. *Idem*............. de 10 *idem*	5 00	2 50
13. Fromages en grès	0 10	0 05
14. Limes assorties	1 00	0 75
15. Lingotières en fer de 24 cannelures	100 00	70 00
16. *Idem*.......... de 12 *idem*	45 00	30 00
17. *Idem*.......... de 6 *idem*	30 00	20 00
18. Marmites en fonte de fer, de 4 litres, pour bains à haute température	4 00	2 75
19. Mortier en agate, avec pilon	40 00	20 00
20. Mortier en acier, pour briser les corps durs, avec pilon	12 00	8 00
21. Mortier en fonte tournée de 1 litre, avec pilon	20 00	14 00
22. Mortier en porcelaine biscuitée de 2 litres, avec pilon	7 00	3 50

NUMÉROS d'ordre par unité simple ou collective.	DÉNOMINATION ET CLASSIFICATION DES MATIÈRES			PRIX DU TARIF au CLASSEMENT.	
	PAR UNITÉ PRINCIPALE, simple ou collective.	UNITÉ réglementaire.	PAR ESPÈCE D'OBJETS.	Neuf.	En service.
				fr. c.	fr. c.
299 (Suite.)	Ustensiles divers.................. (Suite.)	Nombre..	....	....	....
300	1. Armoire à réactifs..............	*Idem*....	....	....	....

OBSERVATIONS.	QUANTITÉS.	PRIX AU CLASSEMENT. Neuf.	PRIX AU CLASSEMENT. En service.
		fr. c.	fr. c.
23. Mortier en porcelaine biscuitée, de 1 litre, avec pilon	//	5 00	2 50
24. Petite étuve de Chevalier	//	30 00	20 00
25. Petite étuve de Gay-Lussac	//	30 00	20 00
26. Pince en fer à jonction	//	3 00	2 00
27. Pinces longues et autres à creuset	//	4 00	2 75
28. Soufflet de forge à demeure	//	100 00	70 00
29. Support à pied muni d'une mâchoire	//	5 00	3 00
30. Outils divers	//	//	//
31. Objets et instruments divers	//	//	//
1. Acide arsénieux	0k 050	0 15	0 15
2. Acide azotique pur	0 200	0 50	0 50
3. Acide azotique mélangé (trois parties) avec acide hypoazotique (une partie)	0 020	1 00	1 00
4. Acide chlorhydrique pur	0 200	0 50	0 50
5. Acide oxalique pur	0 100	1 20	1 20
6. Acide perchlorique pur	0 010	2 00	2 00
7. Acide pyrogallique pur	0 010	4 00	4 00
8. Acide sulfurique pur	0 200	0 60	0 60
9. Alcool absolu	0 200	2 40	2 40
10. Antimoniate de potasse	0 050	0 75	0 75
11. Azotate de baryte	0 050	0 40	0 40
12. Azotate de cobalt	0 010	1 50	1 50
13. Azotate de palladium	0 005	5 00	5 00
14. Baryte caustique	0 050	1 50	1 50
15. Bicarbonate de potasse cristallisé	0 100	0 50	0 50
16. Campêche (Bois de)	0 100	0 25	0 25
17. Carbonate de potasse pur	0 100	0 50	0 50
18. Charbon animal purifié	0 300	2 40	2 40
19. Chromate de potasse pur	0 100	0 60	0 60
20. Chlorate de potasse	0 100	1 60	1 60
21. Chlorure de baryum	0 100	0 60	0 60
22. Chlorure de calcium	0 200	0 75	0 75
23. Chlorure ferrique	0 100	0 70	0 70
24. Chlorure de platine	0 010	8 00	8 00
25. Cyanure ferrico-potassique	0 020	0 25	0 25
26. Ferro-cyanure de potassium	0 100	0 70	0 70

NUMÉROS d'ordre par unité simple ou collective.	DÉNOMINATION ET CLASSIFICATION DES MATIÈRES			PRIX DU TARIF ou CLASSEMENT.	
	PAR UNITÉ PRINCIPALE, simple ou collective.	UNITÉ réglementaire.	PAR ESPÈCE D'OBJETS.	Neuf.	En service.
				fr. c.	fr. c.
300 (Suite.)	1. Armoire à réactifs.............. (Suite.)	Nombre..	....	....	......

OBSERVATIONS.	QUANTITÉS.	PRIX AU CLASSEMENT. Neuf.	En service.
		fr. c.	fr. c.
27. Oxalate d'ammoniaque	0k 050	0 75	0 75
28. Phosphate d'ammoniaque	0 050	0 75	0 75
29. Potasse caustique à l'alcool (pure)	0 050	1 25	1 25
30. Sulfhydrate d'ammoniaque	0 200	2 40	2 40
31. Tannin	0 010	0 50	0 50
32. Tartrate neutre de potasse	0 100	0 50	0 50
33. Tournesol	0 100	0 50	0 50
34. Acétimètre	1	1 50	1 00
35. Alambic de Salleron	1	70 00	50 00
36. Alcoomètre de Gay-Lussac	1	3 50	2 00
37. Allonges (petites)	2	0 40	0 20
38. Balance Gueigneau	1	75 00	50 00
39. Ballon récipient tubulé	2	1 20	0 60
40. Ballon ordinaire de 1/4 de litre à 1 litre	4	1 15	0 60
41. Ballon ordinaire de 2 litres	2	1 75	0 90
42. Burette graduée divisée en dixièmes de centilitre cube	1	5 00	2 50
43. Burette alcalimétrique	1	5 00	2 50
44. Capsule en platine (petite)	1	25 00	12 50
45. Capsule en porcelaine	2	2 00	1 00
46. Capsules en verre de 1 décilitre à 1 litre	4	2 90	1 50
47. Chalumeau de Berzélius, en cuivre	1	4 00	3 00
48. Cornues (petites) bouchées à l'émeri	2	1 50	0 75
49. Entonnoirs (petits)	2	0 40	0 20
50. Éprouvette graduée de 3 centilitres	1	4 30	2 15
51. Étuve en fer-blanc	1	20 00	14 00
52. Feuille d'étain (petite)	1	0 25	0 25
53. Feuille de clinquant (gramme)	0 500	1 50	1 50
54. Fil de fer fort à anneau pour former un triangle	3	0 75	0 75
55. Fil de platine (de 2 à 3 grammes)	3	3 30	3 30
56. Flacons bouchés de 100 grammes pour les solutions	20	6 00	3 00
57. Flacons de Woulf, de 1 à 2 litres	3	4 20	2 10
58. Grille en fer	1	6 00	3 00
59. Lacto-butyromètre de Marchand	1	7 00	4 00
60. Lames de cuivre	3		
61. Lames de fer	3	0 80	0 40
62. Lames de zinc	3		

NUMÉROS d'ordre par unité simple ou collective.	DÉNOMINATION ET CLASSIFICATION DES MATIÈRES			PRIX DU TARIF ou CLASSEMENT.	
	PAR UNITÉ PRINCIPALE, simple ou collective.	UNITÉ réglementaire.	PAR ESPÈCE D'OBJETS.	Neuf.	En service.
				fr. c.	fr. c.
300 (Suite.)	1. Armoire à réactifs............. (Suite.)	Nombre..	....	....	.....
	2. Boite à réactifs................	Nombre..	....	....	.....

OBSERVATIONS.	QUANTITÉS.	PRIX AU CLASSEMENT. Neuf.	En service.
		fr. c.	fr. c.
63. Lampe à double courant, en cuivre	1	18 00	12 00
64. Lime à couper le verre	1	0 75	0 50
65. Lime pour bouchons	1	1 00	0 70
66. *Idem* .... *dites* râpes	1	1 00	0 70
67. *Idem* .... *dites* queues-de-rat	2	2 00	1 30
68. Microscope le plus simple (figure 5 du catalogue de Nachet), avec addition d'un oculaire	1	85 00	60 00
69. Papier tournesol bleu et rouge (feuille)	6	0 50	0 50
70. Papier de Berzélius (main)	1	1 50	1 50
71. Pince courbe en fer	1	1 00	0 70
72. Pince d'horloger petite, pour chalumeau	1	0 75	0 50
73. Pipette graduée de 10 centimètres cubes	1	1 50	0 75
74. *Idem* .... de 5 centimètres cubes	1	1 50	0 75
75. Spatule petite, à manche de couteau et lame de platine	1	15 00	10 00
76. Sulfhydromètre de Dupasquier, le tube gradué seulement	1	3 00	2 00
77. Thermomètre à mercure gradué sur verre, de 15° au-dessous de zéro jusqu'à 200° au-dessus	1	12 00	6 00
78. Tube gradué à 50 centimètres cubes	1	3 00	1 50
79. Agitateurs petits	15	0 75	0 40
80. Tubes assortis (kilog.)	1	1 00	0 50
81. Tubes en verre vert pour analyses organiques (kilog.)	2	2 00	1 00
82. Tubes creux pour chauffer les liquides, de 20 à 25 centimètres de longueur	15	1 50	0 75
83. Tubes creux de Liébig	2	4 00	2 00
84. Vases à précipités de 3 à 5 décilitres	4	0 95	0 50
85. Verres à expériences, petits	10	2 00	1 00
86. Verres de montre	12	0 90	0 50
87. Tubes en caoutchouc, de 50 centimètres de longueur chacun, de deux dimensions	2	1 50	1 00
Armoire vide (Valeur de l')	//	140 00	90 00
1. Acide azotique pur	0k 060	0 15	0 15
2. —— chlorhydrique pur	0 060	0 15	0 15
3. —— oxalique pur	0 050	0 60	0 60
4. —— pyrogallique pur	0 005	0 50	0 50
5. —— sulfurique pur	0 060	0 20	0 20
6. —— tannique pur	0 010	0 20	0 20
7. Alcool pur	0 060	0 60	0 60
8. Antimoniate de potasse neutre	0 025	0 50	0 50
9. Azotate de cobalt	0 008	1 20	1 20

NUMÉROS d'ordre par unité simple ou collective.	DÉNOMINATION ET CLASSIFICATION DES MATIÈRES			PRIX DU TARIF ou CLASSEMENT.	
	PAR UNITÉ PRINCIPALE, simple ou collective.	UNITÉ réglementaire.	PAR ESPÈCE D'OBJETS.	Neuf.	En service.
				fr. c.	fr. c.
300 (Suite.)	2. Boite à réactifs................ (Suite.)	Nombre..	....	......	......

OBSERVATIONS.	QUANTITÉS.	PRIX AU CLASSEMENT. Neuf.	En service.
		fr. c.	fr. c.
10. Azotate de palladium	0k 003	3 00	3 00
11. Bicarbonate de potasse cristallisé	0 050	0 25	0 25
12. Borax	0 008	0 10	0 10
13. Carbonate de potasse pur	0 050	0 25	0 25
14. Carbonate de soude	0 008	0 10	0 10
15. Chlorure de baryum	0 050	0 30	0 30
16. Chlorure ferrique	0 050	0 35	0 35
17. Chlorure de platine sec	0 005	4 00	4 00
18. Cuivre	0 008	0 05	0 05
19. Cyanure ferrico-potassique	0 025	0 15	0 15
20. Ferro-cyanure de potassium jaune	0 025	0 15	0 15
21. Nitre	0 008	0 05	0 05
22. Oxalate d'ammoniaque	0 025	0 35	0 35
23. Oxyde de cuivre	0 008	0 05	0 05
24. Oxyde de manganèse	0 008	0 05	0 05
25. Phosphate d'ammoniaque	0 025	0 35	0 35
26. Potasse pure	0 025	0 50	0 50
27. Sulfure de sodium cristallisé	0 050	0 10	0 10
28. Sel de phosphore	0 008	0 10	0 10
29. Solution tirée du savon pour l'hydromètre	0 060	0 15	0 15
30. Tartrate neutre de potasse	0 050	0 30	0 30
31. Tournesol en pains	0 050	0 10	0 10
32. Ballons en verre (petits)	4	0 80	0 80
33. Burettes graduées de 25 centilitres, divisées en 250 parties	1	5 00	5 00
34. Burettes sulfhydrométriques de Dupasquier	1	5 00	5 00
35. Lacto-butyromètre de Marchand	1	7 00	7 00
36. Capsules de platine pesant 8 grammes	1	8 00	6 00
37. ——— en porcelaine (petites)	1	0 60	0 60
38. ——— en porcelaine de un demi-litre	1	0 50	0 50
39. Chalumeau de Berzélius, à bout de platine	1	6 00	4 00
40. Coupelles de Lebailly dans un tube	100	1 50	1 50
41. Entonnoirs en verre (petits)	2	0 40	0 40
42. Fil de platine pesant 1 gramme 5 décigrammes	1	1 50	1 00
43. Flacons à étroite ouverture de 60 grammes bouchés à l'émeri et à étiquette vitrifiée	22	13 20	13 20
44. Flacons à large ouverture de 60 grammes bouchés à l'émeri et à étiquette vitrifiée	18	14 40	14 40

NUMÉROS d'ordre par unité simple ou collective.	DÉNOMINATION ET CLASSIFICATION DES MATIÈRES			PRIX DU TARIF au CLASSEMENT.	
	PAR UNITÉ PRINCIPALE, simple ou collective.	UNITÉ réglementaire.	PAR ESPÈCE D'OBJETS.	Neuf.	En service.
				fr. c.	fr. c.
300 (Suite.)	2. Boite à réactifs (Suite.)	Nombre	....	......	......
	3. Boite à réactifs pour caisson de pharmacie	*Idem*	....	......	......

OBSERVATIONS.	QUANTITÉS.	PRIX AU CLASSEMENT. Neuf.	En service.
		fr. c.	fr. c.
45. Flacons petits de 10 grammes, bouchés à l'émeri et à étiquette vitrifiée	8	4 80	4 80
46. Flacons de Woulf à 2 tubulures, de 70 grammes	2	1 60	1 60
47. Flacons jaugés pour l'hydrotimètre	1	1 50	1 50
48. Hydrotimètre	1	6 00	6 00
49. Lames de platine pesant 3 grammes	1	3 00	2 00
50. Lampes à alcool en cristal	1	2 00	2 00
51. Limes et râpes	3	3 00	1 80
52. Microscope de Nachet (figure 5 de son catalogue)	1	85 00	60 00
53. Papier Berzelius (main)	1	1 50	1 50
54. Papier à réactifs (boîte)	1	1 50	1 50
55. Pinces à bouts courbés	1	1 50	1 00
56. Pipette graduée à 10 centimètres	1	1 50	1 50
57. Thermomètres à mercure divisés sur verre, de 30° à 160°	1	10 00	6 00
58. Mortier en agate avec pilon	1	6 00	4 00
59. Tubes fermés	6	0 90	0 90
60. Tubes agitateurs	6	0 60	0 60
61. Tubes abducteurs	4	1 20	1 20
62. Tubes creux assortis	6	0 60	0 60
63. Trébuchet à bascule et à colonne, dans sa boîte, avec série de poids de 1 kilog. à 50 gr. divisés	1	15 00	10 00
64. Valet en paille tressée	1	0 20	0 10
65. Vases à précipités, de 125 grammes	2	0 50	0 50
66. Verres à expériences, de 125 grammes	4	0 80	0 80
Boîte vide (Valeur de la)	"	70 00	45 00
NOTA. Les 22 flacons à étroite ouverture sont destinés aux solutions; les 18 flacons à large ouverture le sont aux réactifs secs; les 8 flacons petits sont destinés aux réactifs secs pour les chalumeaux.			
1. Chlorure de baryum (solution au 10°)	0 100	0 20	0 20
2. Cyanure de fer et de potassium	0 010	0 15	0 15
3. Permanganate de potasse en solution saturée	0 100	0 57	0 57
4. Sulfure de sodium	0 010	0 02	0 02
5. Tournesol bleu (cahier de papier de)	1	0 20	0 20
6. Tournesol rouge (*idem*)	1	0 20	0 20
7. Capsules en porcelaine (petites)	5	3 00	3 00
8. Lame de platine pesant 3 grammes	1	3 00	2 00
9. Lampe à alcool	1	1 50	1 50

NUMÉROS d'ordre par unité simple ou collective.	DÉNOMINATION ET CLASSIFICATION DES MATIÈRES			PRIX DU TARIF au CLASSEMENT.	
	PAR UNITÉ PRINCIPALE simple ou collective.	UNITÉ réglementaire.	PAR ESPÈCE D'OBJETS.	En service.	Neuf.
				fr. c.	fr. c.
300 (Suite.)	3. Boite à réactifs pour caisson de pharmacie……………… (Suite.)	Nombre .	………………	……	……
301	Matières diverses pour travaux de laboratoire………………	Kilog. …	………………	……	……
302	Réactifs divers………………	*Idem*….	………………	……	……

ARTICLE 2. — BIBLIOTHÈQUE

NUMÉROS	PAR UNITÉ PRINCIPALE	UNITÉ	PAR ESPÈCE D'OBJETS	En service	Neuf
303	Volumes, manuscrits, cartes et plans..	Nombre .	………………	……	……
304	Collections scientifiques………	*Idem*….	………………	……	……

OBSERVATIONS.	QUANTITÉS.	PRIX AU CLASSEMENT.	
		Neuf.	En service.
		fr. c.	fr. c.
10. Loupe montée	1	4 00	4 00
11. Trépied en fil de fer	1	1 25	1 25
12. Tubes en verre plein (agitateurs)	6	0 60	0 60
13. Tubes en verre creux	6	0 60	0 60
14. Verres à expérience	6	1 20	0 60
15. Verres de montre	6	0 45	0 25
Boîte vide (Valeur de la)	1	9 50	5 00
1. Feuilles de cuivre. (Clinquant fort.)	//	3 00	//
2. Feuilles d'étain	//	3 00	//
3. Feuilles de toile métallique en cuivre	//	3 00	//
4. Feuilles et tubes de caoutchouc	//	20 00	//
5. Fil de fer assorti	//	1 00	//
6. Lames de fer	//	1 00	//
7. Lames de zinc	//	2 00	//
8. Matières diverses	//	//	//
	//	//	//

ET COLLECTIONS.

1. Volumes reliés	//	//	//
2. Volumes brochés	//	//	//
3. Manuscrits	//	//	//
4. Atlas	//	//	//
5. Cartes isolées	//	//	//
6. Plans	//	//	//
1. Anatomie normale	//	//	//
2. Anatomie pathologique	//	//	//
3. Botanique	//	//	//
4. Minéralogie	//	//	//
5. Modèles	//	//	//
6. Préparations en cire	//	//	//
7. Préparations en plâtre	//	//	//
8. Zoologie	//	//	//
9. Objets divers	//	//	//

Paris, le 22 mai 1868.

Le Maréchal de France, Ministre Secrétaire d'État de la guerre,

NIEL.